BARON A. DU CASSE

SUPPLÉMENT

861

À LA

CORRESPONDANCE

DE NAPOLÉON IER

PARIS

E. DENTU, ÉDITEUR

LIBRAIRE DE LA SOCIÉTÉ DES GENS DE LETTRES

PALAIS-ROYAL, 15-17-19, GALERIE D'ORLÉANS

SUPPLÉMENT

A LA

CORRESPONDANCE DE NAPOLÉON Iᵉʳ

SUPPLÉMENT

A LA

CORRESPONDANCE

DE NAPOLÉON Ier

LETTRES CURIEUSES

OMISES PAR LE COMITÉ DE PUBLICATION

RECTIFICATIONS

PARIS

E. DENTU, ÉDITEUR

LIBRAIRE DE LA SOCIÉTÉ DES GENS DE LETTRES

PALAIS-ROYAL, 15-17-19, GALERIE D'ORLÉANS

1887

SUPPLÉMENT

A LA

CORRESPONDANCE DE NAPOLÉON Ier

En 1852, commença à paraître, à la librairie Perrotin, un ouvrage historique de longue haleine, intitulé : *Mémoires du roi Joseph*. Cet ouvrage, rédigé avec soin sur des documents historiques dont la plupart trouvèrent place à la suite de chacun des livres, fit sensation en France et même à l'étranger. L'empereur Napoléon III le lut, voulut bien l'approuver et témoigner sa satisfaction à l'auteur.

Le grand nombre de lettres de Napoléon Ier à son frère Joseph, contenues dans les dix volumes de cet ouvrage, leur importance historique, suggérèrent au fils de Louis Napoléon la pensée de faire publier, sous son règne, la collection la plus complète possible des lettres écrites ou plutôt dictées par son

1

oncle, car le grand capitaine, dont l'écriture était à peu près illisible, n'écrivait presque jamais une lettre entière. Il dictait, corrigeait, rectifiait. Ajoutons que ses corrections ou additions étaient de véritables hiéroglyphes que des gens habitués à cette espèce de griffonnage étaient obligés de traduire au-dessous à l'encre rouge. Le plus habile de ces traducteurs était Menneval.

Nous ne connaissons que deux lettres, fort courtes, d'ailleurs, et presque indéchiffrables, écrites de la main de Napoléon et toutes les deux adressées au plus jeune de ses frères, Jérôme. Ni l'une ni l'autre n'ont trouvé place à la correspondance. Les voici toutes les deux. La première est du 16 août 1801 :

J'apprends avec plaisir que vous vous faites à la mer. Ce n'est que là où il y a une grande gloire à acquérir.

1° Montez sur les mâts, apprenez à étudier les différentes parties du vaisseau; qu'à votre retour de cette sortie, l'on me rende compte que vous êtes aussi agile qu'un bon mousse.

2° Ne souffrez pas que personne fasse votre métier.

Désirez en toute occasion de vous signaler. Songez que la marine doit être votre métier. J'espère que vous êtes actuellement dans le cas de faire votre quart et votre point.

L'autre est du 6 août 1802 :

J'ai reçu votre lettre, monsieur l'enseigne de marine. Il me tarde de vous savoir sur votre corvette, en pleine mer, qui doit être le chemin de votre gloire.

Mourez jeune, j'y consens, mais non pas si vous viviez sans gloire, sans utilité pour la patrie, sans laisser de trace de votre existence, car c'est n'avoir pas existé.

Lorsque Napoléon III eut décidé la publication de l'important ouvrage de la correspondance de l'empereur, il fit instituer, par son ministre d'État, Achille Fould, une commission chargée de recueillir, de coordonner et de mettre au jour cette correspondance. En vertu d'un décret daté de Boulogne, 7 septembre 1854, cette commission fut d'abord composée ainsi qu'il suit : le maréchal Vaillant, ministre de la guerre, grand maréchal du palais, membre de l'Institut, président ; le baron Charles Dupin, sénateur, membre de l'Institut, vice-président ; le comte Boulay de la Meurthe, sénateur ; P. Mérimée, sénateur, membre de l'Institut ; le général Aupick, sénateur ; Armand Lefèbre, conseiller d'État ; de Chabrier, directeur général des archives de l'empire ; Chassériau, maître des requêtes au conseil d'État ; Perron, chef de section au ministère d'État. Par d'autres décrets, en date des 10, 30 septembre et 24 octobre 1854, cette commission fut augmentée de quatre membres : M. Cucheval-Clarigny ; le général de division baron Pelet, sénateur ; le général de division comte de Flahaut, sénateur ; le comte Jérôme-Paul de Champagny, député au Corps législatif. Cette commission eut pour secrétaire le comte Rapetti, homme fort instruit, travailleur infatigable qui, par le fait, ne tarda pas à en devenir l'âme, la cheville ouvrière.

Cette volumineuse correspondance de l'empereur Napoléon Ier, terminée en 1870, forme trente-deux magnifiques grands in-quarto, sortant de l'Imprimerie impériale, tirés à un nombre restreint d'exemplaires. Ces exemplaires, non dans le commerce, ont été donnés aux grands établissements publics, aux bibliothèques, à des personnages politiques haut placés dans les différentes branches de l'administration, et à quelques privilégiés ayant fourni les documents qu'ils possédaient dans leurs archives de famille.

A côté de cette belle édition de luxe et qui a coûté des sommes considérables, une autre a été faite par l'industrie privée. Celle-là est in-octavo du format ordinaire et assez mal imprimée.

Les vingt-huit premiers volumes renferment spécialement les lettres écrites par l'Empereur ou plutôt dictées par lui, car il en a fort peu écrit de sa main, comme nous l'avons dit plus haut; les quatre autres sont consacrés aux œuvres de Napoléon Iᵉʳ à Sainte-Hélène, c'est-à-dire aux fragments qu'il a dictés à ses compagnons d'exil. On y trouve son jugement sur une partie des faits de son règne gigantesque, sur l'histoire ancienne et moderne en général, et aussi des considérations de la plus haute importance sur l'art de la guerre.

Certes, personne plus que Napoléon Iᵉʳ n'était *autorisé* (suivant l'expression consacrée de nos jours) à parler de la guerre et de l'histoire.

On a cru longtemps que ce volumineux ouvrage pourrait bien être augmenté encore d'un ou deux volumes, destinés à faire connaître l'intéressante correspondance retrouvée récemment, et relative au commencement des Cent-Jours. Il est douteux aujourd'hui que l'on donne suite à ce projet.

Dès qu'on eut résolu d'entreprendre ce grand ouvrage, on prit tous les moyens pour réunir et classer les lettres et autres documents émanés de Napoléon Ier. Ce travail préparatoire était des plus importants et des plus difficiles. Il aurait peut-être demandé qu'on lui consacrât un temps plus long.

D'après notre manière de voir, on eût dû ne pas commencer l'impression avant d'avoir tous les documents, tous les matériaux entre les mains. On eût alors classé ces documents, et il eût été possible de se former, de prime abord, une idée exacte de la longueur de l'ouvrage. On eût ensuite procédé par voie d'élimination en enlevant, au fur et à mesure, les lettres inutiles ou ne devant pas être publiées.

De cette façon, on aurait évité d'imprimer dans les premiers volumes des documents insignifiants ou à peu près, et les derniers eussent pu ressembler aux premiers. L'ouvrage y aurait gagné un cachet d'uniformité qu'il n'a pas, on ne saurait se le dissimuler. Ce qui a empêché de procéder ainsi, c'est la hâte que l'on a toujours, chez nous, de produire le plus rapidement possible. On a agi dans cette circonstance comme on a agi lorsqu'on a fait la carte de France des officiers du corps d'état-major, sous le général directeur du dépôt de la guerre baron Pelet. Cet officier général, étant pressé de présenter au roi des spécimens des travaux, les a fait commencer par les pays de plaines, au lieu de faire débuter par les pays de montagnes. Il en est résulté que, les teintes ayant été forcées pour la plaine, arrivé à la montagne, il a été difficile, pour ne pas dire impossible, de rendre le terrain en suivant une gradation régulière.

La commission de la correspondance de Napoléon Ier a eu hâte, elle aussi, de présenter à l'empereur Napoléon III les premiers volumes des lettres de son oncle; elle s'est trop dépêchée et l'ouvrage en a souffert.

La commission mit trois ans à organiser et à préparer son travail. Elle fit appel aux souverains étrangers, aux archives de toutes les puissances de l'Europe, à tous les particuliers français ou d'autres pays. Vers le commencement de 1858, parut un premier volume trop compact, assez mal digéré, en ce sens qu'il renferme une quantité de pièces oiseuses, inutiles, banales, qui n'auraient pas dû trouver place dans un pareil recueil. Ce premier volume fut mis sous les yeux de l'Empereur en février 1858.

Les autres se succédèrent sans interruption, mais à intervalles inégaux. Plusieurs des premiers ne furent guère mieux élaborés que le tome Ier. On y trouve beaucoup de lettres inutiles, parce qu'elles sont sans nul intérêt. En outre, on déplore une absence presque complète de notes qui eussent été nécessaires, souvent même indispensables, pour faire connaître les hommes et pour faire comprendre les événements.

Les quinze premiers volumes parurent dans ces conditions. Ils embrassent la période historique qui s'étend du 25 octobre 1793 (rapport de Bonaparte, officier d'artillerie, au comité de Salut public sur le siège de Toulon), au 31 août 1807 (lettre de Napoléon au maréchal Victor, gouverneur de Berlin).

Ces quinze volumes ont été élaborés par une première commission.

Le 3 février 1864, une autre commission remplaça la première. Nous allons d'abord nous occuper des volumes imprimés sous la direction de la commission primitive, de 1854 à 1864.

Les deux premiers volumes renferment toute la correspondance relative à la campagne d'Italie, qui porta si haut la réputation du jeune général en chef Bonaparte. Ils se terminent au traité de Leoben. Le tome III a 697 pages, dont 32 de table. Il commence au 20 avril 1797 et se termine au 4 mars 1798. On y a joint, en annexe, l'état général des objets d'art livrés par le Pape.

Pour le tome IV, la commission a cru devoir revenir à des volumes plus considérables. Il a 789 pages, dont 44 de table. Il comprend 938 documents sur la période du 5 mars au 21 décembre 1798, presque tous relatifs à l'expédition d'Égypte. Le tome V est

de 795 pages, dont 59 de table. Ce volume renferme
1,018 pièces, du 22 septembre 1798 au 15 octobre 1799. Il termine ce qui a trait à l'expédition
d'Égypte jusqu'au retour de Bonaparte en Europe.
Les tomes VI, VII, VIII et une partie du tome IX
embrassent la période du Consulat, la fin de l'année 1799, les années 1800, 1801, 1802, 1803 et partie de 1804. Le tome VI a 798 pages, dont 43 de
table, et s'étend du 18 brumaire (9 novembre 1799)
au 29 janvier 1801. Il renferme 948 pièces, dont 151 relatives à 1799, 798 relatives à 1800 et 74 relatives
à 1801. Le tome VII a 769 pages, dont 44 de table.
Il s'étend du 2 février 1801 au 18 août 1802. Il comprend 925 pièces. Le tome VIII a 730 pages, dont
40 de table; 870 documents relatifs aux années 1802
et 1803. Le tome IX a 749 pages, dont 44 de table;
935 pièces sur les années 1803 et 1804. Ce volume
commence les documents relatifs à l'Empire, au numéro 7752. Ces huit premiers volumes et demi, qui
embrassent la période de la Révolution au premier
Empire, de 1793 à 1804, présentent un total de
7,751 pièces.

Le plus grand nombre des documents de cette première période se rapporte aux campagnes d'Italie,
d'Égypte et à l'organisation de la France sous le
Consulat. Le Consulat, à lui seul, absorbe 3,368 documents.

1.

La première commission ayant continué son œuvre jusqu'au tome XV inclusivement, nous trouvons au tome X, de 573 pages (dont 42 pour les tables), 894 pièces relatives à la période 1804 à juin 1805, plus spécialement écrites pendant le camp de Boulogne, et donnant jusque dans les plus petits détails ce qui a trait à l'organisation de l'armée et au projet de descente en Angleterre. Le onzième volume a 742 pages, dont 38 de table, 779 documents, du 1er juillet 1805 au 2 février 1806.

C'est la période des campagnes d'Ulm et d'Austerlitz.

Le douzième volume a 745 pages, dont 39 de table, 805 documents, du 4 février 1806 au 14 juillet de la même année. Le treizième volume, de 766 pages, dont 37 de table, a 784 pièces, du 25 juillet au 29 novembre 1806. Il embrasse les préparatifs et la campagne de Prusse.

Le quatorzième volume a 780 pages, 43 de table, 916 pièces relatives à la période qui s'étend du 1er décembre 1806 au 31 mars 1807, comprenant la campagne de Pologne.

Enfin le quinzième volume, de 742 pages (dont 40 de table), renferme 845 documents, du 1er avril au 31 août 1807. Il termine la campagne de Pologne jusques et y compris le traité de Tilsitt.

La première commission a donc publié quinze volumes, formant un total de 1,432 feuilles grand in-folio, et de 11,396 pages contenant 13,094 documents.

Occupons-nous d'abord de ces quinze premiers volumes.

Pour un motif ou pour un autre, ces volumes présentent quelques lacunes que nous allons essayer de combler. Au premier volume, on a supprimé la lettre suivante de Napoléon à son frère Joseph, lettre écrite de Semur, à la date du 25 mai 1795 :

J'ai été hier à la terre de Ragny, appartenant à M. de Montigny. Si tu étais un homme à faire une bonne affaire, il faudrait venir acheter cette terre moyennant *huit millions* d'assignats. Tu pourrais y placer 60,000 francs de la dot de ta femme. C'est mon désir et mon conseil. Souvenirs à ta femme, à Désirée (1) et à la famille.

On ne trouve pas la France dans les pays étrangers. Courir les Échelles tient un peu de l'aventurier (2) et de l'homme qui cherche la for-

(1) Désirée Clary était alors recherchée en mariage par le général Napoléon Bonaparte. Elle épousa Bernadotte.
(2) Le général demandait en ce moment à être envoyé en Turquie pour organiser l'armée du sultan.

tune. Si tu es sage, tu n'as plus qu'à en jouir. Je ne doute pas que tu n'aies cette terre avec 80,000 francs en argent. Elle en valait autrefois, avant la Révolution, 250,000 (1). Je crois que c'est une occasion unique de placer une partie de la dot de ta femme. Les assignats perdent tous les jours.

Plusieurs autres lettres de Napoléon à Joseph, qui se trouvent dans les *Mémoires de Joseph*, ont été omises dans le premier volume de la *Correspondance*; nous ne saurions dire pourquoi, car elles ne manquent point d'un certain intérêt. Nous ne ferons que les indiquer ici, parce qu'elles ont été presque toutes publiées.

Du 1er août 1795, lettre de Napoléon à Joseph, relative aux affaires privées de la famille Bonaparte et aux affaires publiques de la France.

Lettre du 9 août 1795, également relative à quelques membres de la famille et aux mœurs de l'époque.
— *Lettre du 12 août* 1795, relative à la fête du 10 août et aux affaires publiques, ainsi qu'à la recrudescence des plaisirs, à Paris. — *Du 14 août* 1795,

(1) Napoléon, lors de la vente de cette terre, en offrit 1,500,000 francs. Le prix d'achat monta à 3 millions.

relative à l'épuration de l'assemblée. — *Du* 20 *octobre*
1795, sans importance, relative à ses occupations
(Napoléon). — *Du* 9 *novembre* 1795, pour annoncer
à Joseph la nomination de Lucien à l'armée du Rhin.
— *Du* 17 *novembre* 1795, assez curieuse sur les affaires
de la famille et les siennes. — *Du* 31 *décembre* 1795.
La famille ne manque de rien. Il engage Joseph à
venir à Paris. — *Trois autres lettres*, en date des
11 *janvier*, 7 *février* et 14 *mai* 1796, les deux premières de Paris, la troisième de Milan, relatives à
leurs affaires de famille, aux officiers qui l'entourent
et au mariage de sa jeune sœur Pauline ou *Paulette*,
comme il l'appelle.

Volume II.

Pièces omises à la correspondance :

Lettre de Napoléon a Joseph.

Milan, 10 décembre 1796 (1).

La paix avec Parme est faite. J'attends à
chaque instant la nouvelle que tu es promu à

(1) Joseph était alors en Corse, occupé des affaires de la
famille Bonaparte.

la place de Parme. Reviens le plus tôt possible; ne te mêle point ou peu des affaires de Corse. Mets en ordre nos affaires domestiques, surtout notre maison d'habitation, que je désire, à tout événement, voir dans une situation propre et digne d'être habitée. Il faut la remettre comme elle était, en y joignant l'appartement d'Ignazio; fais les petits arrangements pour que la rue soit plus habitable.

J'attends Fesch et Paulette à Milan dans quinze jours. En revenant de Livourne, arrange l'affaire de San Mignato. Miot est destiné pour Turin, Cacault pour Florence (1).

Lucien s'est fait arrêter; un courrier, qui part demain, porte l'ordre du Comité de sûreté générale de le mettre en liberté.

Je remplirai ici tous tes désirs; de la patience et du temps!

La paix avec l'Espagne rend la guerre offensive en Piémont infaillible. On discute le

---

(1) Comme ambassadeurs.

plan que j'ai proposé, qui sera infailliblement adopté. Si je vais à Nice, nous nous verrons, et avec Désirée aussi. Je n'attends que ta réponse pour t'acheter une terre.

Je vais écrire à Mᵐᵉ Isoard qu'elle donne de l'argent à Lucien. Je le placerai à Paris avant de partir.

Je pense que, lorsque tu auras envie de revenir, tu m'en préviendras avant; il est probable que tu obtiendras une place de consul en Italie.

Tout est tranquille. La paix conclue avec l'Espagne et Naples, que nous avons apprise hier, nous a comblés de joie. Les fonds publics montent, les assignats gagnent. Il n'a pas encore fait chaud ici, mais les moissons sont aussi belles qu'il est possible de l'imaginer; tout va bien. Le grand peuple se donne au plaisir. Les danses, les spectacles, les femmes, qui sont ici les plus belles du monde, deviennent la grande affaire. L'aisance, le luxe, le bon ton, tout a repris; l'on ne se souvient plus de la Terreur que comme d'un rêve. La nouvelle de la belle

victoire de Quiberon et de la paix avec l'Espagne change dans un instant la nature de nos
affaires.

Volume III.

NAPOLÉON A JOSEPH.

Passeriano, 1er octobre 1797.

J'ai ordonné à Haller de faire payer ton état
de dépenses ordinaires. Il m'a dit qu'il t'avait
fait donner 5o,ooo francs.

Rien de nouveau en France. — Tout est
tranquillisé. — Le Congrès va assez mal. — Les
prétentions de part et d'autre sont exagérées.

Ne souffre pas que Provera soit à Rome.

NAPOLÉON A JOSEPH.

Milan, 12 novembre 1797.

Le général de brigade Duphot te remettra
cette lettre. Je te le recommande comme un

très brave homme. Il te parlera du mariage qu'il désire contracter avec ta belle-sœur. Je crois cette alliance avantageuse pour elle; c'est un officier distingué.

Cet officier général fut assassiné à Rome, étant près de Joseph, quelques jours plus tard.

NAPOLÉON A JOSEPH.

Milan, 13 novembre 1797.

Je pars demain pour me rendre à Rastadt, échanger les ratifications, exécuter les clauses du traité et assister au Congrès de l'Empire.

Haller te fera solder non seulement les trois ou quatre mois qui te sont dus, mais j'ordonne encore qu'on fasse les fonds pour le trimestre à venir.

Tu ne dois avoir aucun espoir de pouvoir obtenir un traitement plus fort que celui que tu as. Il faut que tu t'arranges en conséquence.

Ma femme compte partir dans deux ou trois

jours pour aller voir Rome. S'il y avait du bruit ou quelque inconvénient, tu enverrais un courrier à Florence, pour qu'elle n'en fît rien.

Lettre de Napoléon à Joseph, Passeriano, 16 octobre, en contenant une autre adressée au ministre de la république Cisalpine, pour faire connaître aux artistes musiciens de l'Italie qu'il met au concours une marche ou ouverture ayant pour sujet la mort de Hoche. Le prix était une médaille de cent sequins.

Volume IV.

A bord de l'*Orient*, 12 mai 1798.

Nous mettons à la voile à l'instant même. Je ne toucherai pas à Ajaccio.

Si Lucien n'est pas député, il peut venir, il trouvera ici toujours des occasions, entre autres une frégate qui part dans quinze jours.

J'espère que tu auras acquis Ris ; je voudrais y joindre une des deux de Roche-en-Berny que tu m'as proposée, que j'ai vue (Ragny) en passant, que l'on estime de 3 à 400,000 francs. Je préférerais cependant celle de M. de Montigny, que j'avais été voir, il y a quatre ans, pour toi. Informe-toi si, pour cette dernière, il y a sûreté, et écris, pour l'une ou pour l'autre, au père de Junot; avec une de ces deux et Ris, tout serait bien. Arrange tout cela.

Nopoléon à Joseph, 25 mai 1798, à bord de l'*Orient*.

Sans importance. — Se porte bien, — attend d'apprendre que Joseph a arrangé ses affaires domestiques.

NAPOLÉON A JOSEPH.

29 mai 1798.

Le général Baraguey-d'Hilliers se rend à Paris. Il était un peu malade. J'en profite pour lui faire porter des paquets et des drapeaux. Je n'ai point de tes nouvelles depuis le 26 de l'autre mois. Je n'ai point de nouvelles de Ris ni de la Bourgogne. J'écris à ma femme de venir me rejoindre. Si elle est à portée de toi, je te prie d'avoir des égards pour elle. Ma santé est fort bonne. Malte nous a coûté deux jours de canonnade. C'est la place la plus forte de l'Europe. J'y laisse Vaubois. Je n'ai point touché en Corse. Je suis depuis un mois sans nouvelles de France.

Nous t'écrivons par un bâtiment de guerre. Je t'embrasse.

NAPOLÉON A JOSEPH.

Le Caire (sans date, mais entre juin et juillet 1798).

M. Calmelet a 100,000 francs sur le Mont-de-Piété à mon nom. Dis-lui que mon intention est qu'il y place les intérêts et que l'on fasse le moins de dépenses possible. Pour moi, j'attendrai, pour me décider sur ce que je ferai, des nouvelles de Constantinople et de France. Si Rastadt n'est pas fini, si les Irlandais sont battus, on fera bien de faire la paix et de se

servir de l'Égypte pour l'avoir brillante et so-
lide. Aie des égards pour ma femme. Vois-la
quelquefois. Je prie Louis de lui donner quelques bons conseils. Je n'ai reçu de toi qu'une
lettre, celle de Le Simple. Je souhaite bonheur
à Désirée, si elle épouse Bernadotte. Elle le
mérite. Mille baisers à ta femme et à Lucien.
J'envoie un beau schall à Julie. Fais-lui un peu
moins d'infidélités. C'est une bonne femme,
rends-la heureuse.

Une autre lettre, en date du 25 juillet 1798, de
Napoléon à Joseph, a été omise à dessein dans la
Correspondance et écourtée dans les *Mémoires de
Joseph* ; mais, comme nous l'avons rétablie entière-
ment dans la revue historique et dans l'ouvrage
Sur les Rois frères de l'Empereur, à la page 8, nous
croyons inutile de la reproduire ici.

Dans la lettre nᵒ 41, de Napoléon à Joseph, datée
de Paris, 22 juin, le dernier paragraphe a été omis,
nous le rétablissons :

Jérôme m'écrit pour qu'on lui trouve une
pension ; il n'y en a pas encore pour le mo-

ment; Casabianca compte envoyer son fils à Gênes et, de là, en Corse. Il le tient avec lui sans rien faire. Casabianca doit t'écrire pour Songis et son beau-père. La dernière loi paraît leur être très favorable; ainsi nul doute qu'ils ne puissent rentrer et que l'on puisse les faire rayer de la liste des émigrés.

Volume VI.

Napoléon a Joseph.

Lettre du 19 mars 1800.

M. de Staël est dans la plus profonde misère, et sa femme donne des dîners et des bals. Si tu continues à la voir, ne serait-il pas bien que tu engageasses cette femme à faire à son mari un traitement de 1,000 à 2,000 francs par mois? Ou serions-nous donc déjà arrivés au temps où l'on peut, sans que les honnêtes gens le trouvent mauvais, fouler aux pieds non seulement les mœurs, mais encore les devoirs plus sacrés que ceux qui réunissent les enfants aux pères ?... Que l'on juge des mœurs de Mᵐᵉ de Staël comme si elle était un homme, mais un homme qui hériterait de la fortune de Necker, qui aurait longtemps joui des prérogatives attachées à un nom distingué et qui laisserait sa femme dans la misère, lorsqu'il vivrait dans l'abondance ; serait-il un homme avec lequel on pourrait faire société ?

Volume VII.

NAPOLÉON A JOSEPH.

Paris, 30 décembre 1801.

(Omission du premier paragraphe.) Louis et Hortense doivent décidément se marier le 14. Ils logeront dans ma maison, rue de la Victoire.

Le mariage de Louis et d'Hortense eut lieu beaucoup plus tard, mais déjà à cette époque Napoléon

et Joséphine tourmentaient le malheureux Louis pour
lui faire accepter cette union qui devait les rendre
fort à plaindre l'un et l'autre.

NAPOLÉON A JOSEPH.

Paris, 11 mars 1802. (Dernière phrase omise.)

Il est neuf heures ; une dépêche télégraphique
de Brest, du 21 au soir, m'apprend que notre
escadre est arrivée le 16 pluviôse (5 février) au
Cap ; que notre armée a débarqué ; que le Cap
et toute la superbe plaine du Nord étaient occu-
pés par nos troupes. Je m'empresse de vous
envoyer ces nouvelles pour que vous en fassiez
l'usage que vous jugerez convenable. Ce ne sera
que dans trois jours que le courrier arrivera, et
j'aurai des détails ; mais il m'a paru qu'il n'était
pas indifférent que vous sussiez promptement
que, nos troupes ayant entièrement débarqué,
l'armée et la flotte se trouvent avoir un point
d'appui tranquille à tout événement.

Volume VIII.

NAPOLÉON A JOSEPH.

Paris, octobre 1802.

Mon frère, j'estime qu'il est utile à l'État et à moi que vous acceptiez la place de chancelier, si le Sénat vous y présente. Je jugerai le cas que je dois faire de votre attachement et de vous par la conduite que vous tiendrez.

Napoléon à Joseph. — Saint-Cloud, 11 avril 1803. — Il lui envoie un travail relatif aux tribunaux de Corse et lui demande un mémoire à ce sujet.

NAPOLÉON A JOSEPH.

Camp de Boulogne, 1803.

Paulette (1) m'écrit que son mariage a été publié et qu'elle part demain pour Rome. Il

(1) Paulette ou Pauline, la plus jeune des sœurs de Napoléon, veuve du général Leclerc, mort à Saint-Domingue ; depuis la princesse Borghèse.

serait convenable que toi ou maman écriviez à la mère de Borghèse pour la lui recommander. Je désire également que tu fasses connaître que je prendrai volontiers pour officier, avec moi, le frère de Borghèse, s'il veut être militaire.

Volume IX.

NAPOLÉON A L'ARCHICHANCELIER CAMBACÉRÈS.

Alexandrie, 2 mai 1805.

Je ne conçois rien à vos jurisconsultes; ou Mlle Paterson est mariée ou non; non, il ne faut aucun acte pour annuler son mariage, et, si Jérôme voulait contracter un nouveau mariage en France, les officiers de l'état civil l'admettraient, et il serait bon.

NAPOLÉON A JÉRÔME.

Milan, 13 mai 1805.

Mon frère, j'ai reçu votre lettre. Vous ne me parlez pas de la frégate *la Pomone*, ni des deux bricks que j'ai à Gênes. Visitez-les en détail et assurez-vous s'ils sont armés et en état de faire une sortie. Faites-moi connaître si vous vous sentez capable de prendre le commandement de *la Pomone*. Ne feriez-vous qu'une course en Corse, et la mener à Toulon, ce sera toujours une continuation de votre métier, et je désire que vous vous y remettiez entièrement. Je me rendrai bientôt sur la côte et je vous emmènerai avec moi.

Volume X.

NAPOLÉON A JÉRÔME.

Milan, 9 juin 1805.

Mon frère, j'ai reçu votre lettre du 10 prairial. Je ne tarderai pas à me rendre à Gênes. Tout ce que vous pouvez me dire ne peut influer en rien sur ma résolution. Lucien préfère une femme déshonorée, qui lui a donné un enfant avant qu'il fût marié avec elle, qui a été sa maîtresse lorsque son mari était à Saint-Domingue, à l'honneur de son nom et de sa famille. Je ne puis que gémir d'un si grand égarement d'un homme que la nature a fait naître avec des talents et qu'un égoïsme sans exemple a arraché à de belles destinées et a entraîné loin de la route du devoir et de l'honneur. Mlle Paterson a été à Londres, ce qui a été un sujet de grand mouvement parmi les Anglais. Elle ne s'en est rendue que plus coupable.

Plusieurs lettres de la fin de 1805, de Napoléon à Joseph, ayant été publiées aux *Mémoires de Joseph*, nous en donnerons seulement ici l'analyse : De Louisbourg, 4 octobre. Napoléon apprend avec plaisir que la conscription marche bien à Paris. — Donnavert, 7 octobre. Deux lettres écrites par Menneval sur l'ordre de Napoléon pour donner à Joseph des nouvelles de l'armée qui a passé le Danube, l'Empereur étant trop occupé pour dicter.

NAPOLÉON A JOSEPH.

Lintz, 5 novembre 1805.

Mon frère, mon avant-garde est à six marches de Vienne. Le temps est plus froid que le comporte la saison. Il gèle assez fort. Les dernières nouvelles que j'ai de Paris sont du 6 brumaire (28 octobre). J'imagine que Jérôme est parti pour se rendre à bord de son vaisseau et qu'il cherchera à se distinguer et à m'être utile dans sa carrière. Sur ce, etc.

Lettre très longue et très importante de Napoléon à Joseph, en date du 15 novembre 1805, de Schœnbrunn. Publiée aux *Mémoires de Joseph*, omise à la *Correspondance*. Il manœuvre contre l'armée russe, a été peu content de Bernadotte.

« Son entrée à Munich, à Saalsbourg et la gloire que je lui ai donnée pour ces belles missions, sans qu'il ait tiré un coup de canon, ni fait aucune des corvées de l'armée, ne me mettaient pas dans le cas de m'attendre qu'il manquerait d'activité et de zèle. Il m'a ait perdre un jour, et d'un jour dépend le destin du monde. Pas un homme ne m'aurait échappé. » Il désire voir Junot, continue à être content de Murat, Lannes, Davout, Soult, Ney, Marmont. « Masséna s'est conduit très médiocrement, il s'est fait battre à Caldiero par de fausses dispositions. » Il engage Joseph à lui faire connaître par des amis communs qu'il n'est pas content du talent qu'il a montré, et à la fin de la lettre : « Je sais qu'on a imposé une contribution de 400,000 francs à Vérone autrichienne. Mon intention est de rendre si riches les généraux et officiers qui m'ont bien servi, que je n'entends pas qu'ils déshonorent par la cupidité le plus noble métier, en s'attirant la déconsidération du soldat, etc. »

Lettre de Napoléon à Joseph. — Znaïm, 18 novembre 1805. — Il poursuit l'armée russe l'épée dans les reins. — Il s'occupera de la Banque de France à son retour, qui aura lieu longtemps avant Noël. »

NAPOLÉON A JOSEPH.

Brunn, 21 novembre 1805.

Mon frère, vous avez jeté vingt-six millions dans l'eau; c'est très bien fait, mais avec quoi paierez-vous la solde, l'entretien des troupes.

Je ne dois rien à Vanderberge; tant pis pour lui, s'il s'est aventuré avec l'Espagne pour des affaires qui ne me regardent pas. Il me suffit qu'il ne manque point par la faute du Trésor.

Napoléon à Joseph. — Brunn, 24 novembre (est aux *Mémoires de Joseph*).

A reçu de l'empereur d'Allemagne MM. de Stadion et de Giulay, pour traiter. — Lui envoie un article à faire insérer dans le *Moniteur*.

NAPOLÉON A JOSEPH.

Brunn, 26 novembre 1805.

Mon frère, je suis toujours à Brunn. J'ai accordé ces jours-ci quelques conférences à MM. de Stadion et de Giulay. Je reçois demain M. de Haugwitz, ministre du roi de Prusse. J'espère arriver à conclure la paix sous très peu de temps. Vous ne doutez pas du très grand désir que j'ai d'être de retour à Paris. Voyez si les Tuileries sont enfin arrangées. Il

me semble qu'elles devaient être prêtes le 1er novembre. Les empereurs d'Allemagne et de
Russie sont à Olmutz. L'armée russe reçoit
successivement différents renforts. Sur ce, etc.

Le 3 décembre, lendemain de la bataille d'Austerlitz, Napoléon écrivit à Joseph une longue lettre
dont on a retranché aux *Mémoires de Joseph* et à la
Correspondance cette phrase : « Toute l'armée s'est
couverte de gloire, hormis le 1er bataillon de votre
régiment qui a lâché pied devant une charge de
cavalerie, c'est la faute de ce mauvais... et du capitaine... Je prends des renseignements pour en faire
un exemple éclatant. »

Le 13 décembre 1805, Napoléon écrit de Schœnbrunn à Joseph :

Mon frère, j'ai lieu d'être surpris que vous
ayez tiré des mandats sur un préposé de ma
liste civile. Je ne veux rien donner à Jérôme au
delà de sa pension; elle lui est plus que suffi-
sante et plus considérable que celle d'aucun
prince de l'Europe; mon intention bien positive
est de le laisser emprisonner pour dettes, si
cette pension ne lui suffit pas. Qu'ai-je besoin

des folies qu'on fait pour lui à Brest? C'est de la gloire qu'il lui faut et non des honneurs. Il est inconcevable ce que me coûte ce jeune homme, pour ne me donner que des désagréments et n'être bon à rien à mon système. Sur ce, etc.

NAPOLÉON A LA PRINCESSE JOSEPH.

Munich, 9 janvier 1806.

Mᵐᵉ la princesse Joseph, ma belle-sœur, j'avais arrêté depuis longtemps le mariage de mon fils, le prince Eugène, avec la princesse Auguste, fille du roi de Bavière. L'Électeur de Ratisbonne, archichancelier de l'Empire, les marie à Munich le 15 janvier, ce qui m'a retenu quelques jours de plus dans cette ville. La princesse Auguste est une des plus belles et des plus parfaites personnes de son sexe. Je pense qu'il est convenable que vous lui fassiez un présent de 15 à 20,000 francs. Elle partira le 20 janvier pour aller en Italie. Le roi de

Bavière vous écrira pour vous notifier ce mariage. Sur ce, etc.

Douzième volume de la *Correspondance*. —
Pièces omises.

Le 17 février 1806, Napoléon écrit de Paris à son
frère Joseph, roi de Naples, une courte lettre qui
n'est ni aux *Mémoires de Joseph* ni à la *Correspondance* et qui prouve l'importance qu'il attachait à
connaître la situation de ses armées, la voici :

Mon frère, dans les états que vous m'avez
remis, vous ne parlez pas des 10ᵉ, 20ᵉ, 102ᵉ de
ligne, des 12ᵉ et 23ᵉ légers, des 7ᵉ, 23ᵉ, 24ᵉ 29ᵉ
et 30ᵉ de dragons, non plus que des dragons de
Napoléon et de la Reine, Italiens. Ces corps
doivent, à l'heure qu'il est, vous avoir rejoint
et avoir porté votre armée à 40,000 hommes.
Faites-m'en faire un état de situation en règle,
bataillon par bataillon, compagnie par compagnie, escadron par escadron.

Dans plusieurs lettres de cette époque, écrites de
Paris à son frère à Naples, l'Empereur fulmine
contre le maréchal Masséna et le général Solignac

qui se sont approprié des sommes considérables.
Quelques phrases relatives à cette affaire et les noms
avaient été omis aux *Mémoires* du roi Joseph. Tout
a été rétabli dans la *Correspondance* de l'Empereur,
mais ni cette *Correspondance* ni les *Mémoires* ne
contiennent le document ci-dessous :

De notre palais impérial des Tuileries, le 12 mars 1806,
Napoléon, Empereur des Français, roi d'Italie,

Instruit que notre armée de Naples et d'Italie
est arriérée sur la solde, que les gratifications
d'entrée en campagne même n'ont pu être
payées et que plusieurs sommes, destinées à
subvenir aux premiers besoins du soldat, ont
été détournées de la caisse générale, avons
décrété et décrétons ce qui suit :

Article 1ᵉʳ. — M. le ministre du Trésor public
fera partir en toute diligence un inspecteur du
Trésor pour se rendre auprès de M. Nuncy,
payeur de notre armée d'Italie. Cet inspecteur
vérifiera la caisse du sieur Nuncy, se fera
représenter tous les ordres qu'il aurait reçus
des généraux, ordonnateurs et autres, pour

faire sortir des fonds de sa caisse et fera les demandes nécessaires pour opérer la rentrée des six millions soustraits de la caisse du payeur général de notre armée d'Italie et pris aux villes de Trieste, de Padoue, etc, etc.

Article 2. — Les sommes qui se trouvent entre les mains des sieurs Besanna et Balibio, Bignani et Vanali, Frapoli et Besanna fils, de Milan, montant à la somme de 2,700,000 francs, seront séquestrées et réintégrées dans la caisse de notre armée d'Italie.

Article 3. — Le général Solignac et le sieur Ardant seront mis en arrestation jusqu'à ce qu'ils aient versé en entier, dans la caisse de notre payeur, les fonds de six millions et qu'ils aient fait connaître les sommes distraites des contributions de Trieste, Vérone, Padoue, Vicence, Udine, etc., etc.

Article 4. — Les 2,457,325 francs qui ont été tirés pour le payement de notre armée de Naples sur notre trésor impérial, pour acquitter la solde arriérée, seront soldés sur les premiers fonds qui rentreront des six millions distraits.

Article 5. — Nos ministres de la guerre, du Trésor public et de la police générale sont chargés de l'exécution du présent décret, *qui ne sera pas imprimé.*

Cette dernière disposition explique comment il se fait que cet important document ne se trouve ni à la *Correspondance* ni aux *Mémoires.*

NAPOLÉON A JOSEPH.

Paris, 18 mars 1806.

Mon frère, je vous envoie l'état des officiers napolitains qui passent de l'armée d'Italie à votre service. J'en vois, dans cet état, cinq qui sortent de ma garde; ce sont des officiers éprouvés en qui vous pouvez avoir confiance. Le royaume d'Italie regrette beaucoup les officiers du génie et d'artillerie qu'il vous envoie. Employez-les dans leurs grades, et donnez-leur de l'avancement selon leur ancienneté de service.

3

Dans les lettres des 20 mars, 31 mars, 10 avril 1806, de Napoléon à Joseph, il est encore question des détournements de Solignac, Masséna, Ardant, etc.

NAPOLÉON A JOSEPH.

Malmaison, 11 avril 1806.

Mon frère, faites confisquer les bâtiments portant pavillon de la république des Sept-Iles, qui seraient dans les ports de Naples, et renvoyez les commissaires de cette république qui se trouvent dans le royaume. Faites visiter adroitement les livres des négociants chargés de commissions d'argent. Avec un peu d'adresse, cette opération doit vous rendre plusieurs millions.

NAPOLÉON A JOSEPH.

Saint-Cloud, le 1er mai 1806 (lettre qui ne se trouve nulle part). Mon frère, il résulte du rapport qui m'est fait sur le siège de Gaëte que l'artillerie n'a pas vingt pièces de canon et qu'il n'y a que 2,000 hommes devant la place. Ce rapport est du 13 avril. Il est convenable que vous ayez 6,000 hommes, que vous mettiez tous les charrois en réquisition pour transporter les outils, les boulets et les pièces. Il ne doit pas vous être difficile d'avoir quatre-vingts pièces de canon de Capoue, de Naples et de toutes les autres places du royaume. Tout le rempart de la place étant découvert et pouvant être battu à 200 toises, elle sera bientôt démantelée, mais il paraît qu'on ne fait point assez attention à cet objet important. Dans le fait, vous n'avez mis en jeu que la division du général Reynier, et elle ne fait que le quart de vos troupes. Vous ne prendrez pas Gaëte sans un système et sans y porter la plus grande attention, et déjà l'on a bien tardé.

Par une lettre en date du 6 mai, Napoléon annonce à son frère qu'il a élevé le général Reynier à la dignité de grand officier de la Légion d'honneur.

Lettre de Napoléon à Joseph, datée de Saint-Cloud, 30 juin 1806, par laquelle il lui annonce qu'il fait passer à son service la légion corse.

On a omis dans les *Mémoires de Joseph* et rétabli dans la *Correspondance* une lettre de Napoléon à son frère, en date du 24 juin 1806, dans laquelle il lui dit que, tout en critiquant ce qu'il fait, il n'en rend pas moins justice à ce qu'il a déjà fait, etc.

NAPOLÉON A JOSEPH.

Saint-Cloud, 6 juillet 1806.

Mon frère, je verrais avec plaisir que vous nommiez M. Arrighi, vicaire général de l'île d'Elbe, à un évêché de votre royaume de Naples (1).

Dans une lettre de Napoléon à Joseph, en date du 24 juin 1806, on a omis aux *Mémoires* et rétabli à la *Correspondance* cette phrase : « Ce serait vous affliger inutilement que de vous dire tout ce que je

(1) Arrighi, frère du duc de Padoue, était parent de la famille Bonaparte par sa mère.

pense ; » et le *post-scriptum* : « Au milieu de tout cela, portez-vous bien, c'est le principal. »

Volume XIII.

NAPOLÉON A JOSEPH.

Saint-Cloud, 18 août 1806.

Mon frère, *le Vétéran*, que commande Jérôme, a mouillé, il y a deux jours, dans la baie de la Forêt, près de Quimper. Il s'est séparé de son escadre, il y a vingt-cinq jours, après une grande tempête. Le télégraphe, qui m'annonce cette nouvelle, m'apprend que Jérôme se porte très bien.

Le jeune prince Jérôme, poursuivi par de forts bâtiments anglais, exécuta une dangereuse opération, celle d'entrer avec son vaisseau dans le petit port de Concarneau, pour ne pas se rendre à l'ennemi, décidé à se briser sur les récifs où à se faire sauter plutôt que d'amener son pavillon. Il réussit grâce à l'adresse d'un de ses matelots nommé Furic qui prit le gouvernail. L'Empereur fut si heureux de ce trait d'audace qu'il nomma son frère contre-amiral.

Napoléon à Joseph. — Saint-Cloud, 4 septembre 1806. — Lettre relative à l'armement de Pescara et terminée par cette phrase : « Elle (la place) paraît assez bonne. On pourrait la surprendre par un débarquement, ce qui ne manquerait pas d'avoir ses inconvénients. »

Au commencement d'une longue lettre de Napoléon à Joseph, en date du 12 septembre 1806, on a omis le mot *bête* dans cette phrase : « Rien n'est plus *bête* et plus indécis que ce Cabinet (le cabinet de Berlin). » A la fin de la même lettre, on a également omis aux *Mémoires de Joseph* et à la *Correspondance* cette phrase : « Peut-être ai-je tort de vous dire cela ; mais si vous montrez ma lettre pour des choses indifférentes, j'espère que celle-ci sera oubliée par vous aussitôt que vous l'aurez lue. »

Dans une lettre en date du 17 septembre 1806, Napoléon dit à Joseph : « Le commandant de Terracine paraît être un *polisson*. Ce mot a été remplacé par un *Napolitain.*

A la date du 25 octobre 1806, une lettre de blâme

de Napoléon à Joseph, omise aux *Mémoires*, a été rétablie à la *Correspondance*.

Celle du 12 novembre 1806, écrite de Berlin, a été omise, la voici; elle prouve que rien n'échappait à Napoléon :

Mon frère, vos gazettes ne contiennent que des petits détails d'assassinats et de meurtres. — Cela sert merveilleusement le but des ennemis, qui est de faire croire que tout est sens dessus dessous dans le royaume de Naples. Défendez qu'on n'imprime désormais que ce qui est important.

Volumes XIV et XV.

NAPOLÉON A JOSEPH.

Posen, 11 décembre 1806.

Mon frère, je reçois votre lettre du 22 novembre; je désire bien avoir un état qui me fasse connaître la situation des troupes françaises, italiennes et napolitaines que vous avez sous vos ordres.

On a supprimé aux *Mémoires de Joseph* et rétabli à la *Correspondance* une lettre de Napoléon à son frère, en date du 2 janvier 1807, et dans laquelle on lit : « Cela porte un grand désordre dans la comptabilité ; cela dérange les corps ; cela a toute espèce d'inconvénients, etc., etc. »

NAPOLÉON A JOSEPH.

Finckenstein, 13 avril 1807.

Mon frère, je reçois votre lettre du 15 mars. Je vois avec plaisir que vos troupes se portent bien et que tout va bien chez vous. Portez attention à la bonne discipline de vos troupes. Un mois de relâchement cause un mal qui ne peut être réparé que par six mois de soins. Si vous formez un camp, placez-le entre Naples et la Calabre. Il serait ridicule de ne rien faire qui pût faire penser que la capitale pût être évacuée. Il est probable que les 6,000 Anglais qui sont partis de la Sicile sont retournés dans l'Océan. J'attends d'ailleurs des renseignements là-dessus. Nous sommes encore ici au milieu des neiges, et probablement le soleil commence chez vous à devenir trop chaud.

P.-S. — Au moment même, je reçois une lettre du 3 mars, de Constantinople. Les Anglais ont échoué complètement et cet empire montre une énergie qui m'est très importante et confond les ennemis communs. Les Anglais ont essuyé un échec qui leur sera sensible.

NAPOLÉON A JÉRÔME.

Finckenstein, 13 avril 1807.

Mon frère, je reçois votre lettre du 10 avril. Je vois que le siège de Neiss est commencé. Vous trouverez ci-joint, dans la *Gazette de France*, des nouvelles de Londres, que vous pouvez faire mettre dans le journal de Breslau. Vous pouvez y ajouter que la plus grande

B.

mésintelligence règne à Londres entre le roi et les ministres et que toutes les affaires sont suspendues.

NAPOLÉON A JÉRÔME.

Finckenstein, 23 mai 1807.

Mon frère, je vous réexpédie votre aide de camp pour vous instruire qu'il n'y a rien de nouveau. Les ordres du jour vous auront appris les combats du 15 et du 16 et la prise d'une belle corvette anglaise de vingt-quatre caronades de 36, chargée de poudre pour le siège et montée par 120 Anglais.

Hier, on allait monter à l'assaut, lorsque la place de Dantzig a demandé à capituler. On est à présent en pourparlers.

NAPOLÉON A JOSEPH.

Tilsitt, 27 juin 1807.

Mon frère, j'ai conclu un armistice avec l'empereur de Russie. L'empereur ordonne à tous ses vaisseaux de cesser toute hostilité contre le pavillon français et les pavillons italiens et napolitains. Mon intention est que, si des bâtiments russes entraient dans vos ports et vous faisaient demander des rafraîchissements, vous leur fassiez donner tout ce qu'ils demanderont, soit moyennant payement, soit en tenant un compte particulier. Je charge le prince Eugène de vous donner le détail de ce qui s'est passé ici ces jours derniers. Faites connaître à Corfou les ordres que l'empereur de Russie donne à son amiral, ainsi que les dernières nouvelles.

NAPOLÉON A JÉRÔME.

Dresde, 18 juillet 1807.

Mon frère, je ne vois pas d'inconvénients à ce que vous veniez à Dresde. J'avais pensé que vous seriez à Glogau. Les belles de Breslau vous auront retenu, à ce que je vois. Venez à Dresde sans perdre de temps.

Une lettre importante et curieuse de Napoléon à Joseph, en date du 9 juillet 1807, de Tilsitt, annonçant la paix, a été omise à la *Correspondance*. Elle est au troisième volume, page 403, des *Mémoires du roi Joseph*.

La dernière pièce du tome XV de la *Correspondance de l'Empereur* est du 31 août 1807. Ce volume est lui-même le dernier de ceux publiés par la première commission.

Avant de passer à la partie de cette important travail établie par la seconde commission, nous allons donner quelques lettres écrites par Napoléon enfant et retrouvées en Corse par l'économiste Blanqui, envoyé en mission scientifique dans ce pays. Ces lettres n'ont pas trouvé place à la *Correspondance*, sans doute parce qu'on les a connues trop tard.

La première est datée du 12 octobre 1783, de l'école de Brienne, où Napoléon était élève. Le futur empereur était alors âgé de quatorze ans. Voici cette curieuse lettre, écrite à son père au moment où il se disposait à passer ses examens pour rentrer à l'école militaire et lorsqu'il apprit que M. Bonaparte était obligé, pour cause de santé, de quitter la France et de retourner en Corse.

Mon cher père.

Votre lettre, comme vous pouvez bien le penser, ne m'a pas fait beaucoup de plaisir; mais la cause de votre retour en Corse étant votre santé et celle d'une famille qui m'est si chère, je ne puis m'empêcher de l'approuver, et j'essaierai de m'en consoler. En outre, assuré comme je le suis de la continuation de votre affection et de votre attachement pour moi et de votre sollicitude pour me faire avancer et me seconder en tout ce qui peut m'être utile, comment pourrais-je n'être pas heureux et satisfait? Ceci une fois bien entendu, je m'empresse de vous demander quel a été l'effet des eaux sur votre santé et de vous assurer de mon attachement respectueux et de ma reconnaissance éternelle.

La lettre de Napoléon à son oncle est un des rares documents écrits par le grand capitaine. Elle appartient au comte Lucien Biadelli qui la tient de son grand-père à qui elle avait été donnée par

M. Napoléon Lévie Ramolino, gendre de ce dernier (1).

Cette lettre dont le comte Biadelli a bien voulu
nous confier l'original est d'une incorrection qu'il
nous a paru curieux de conserver dans toute son
originalité, nous bornant à souligner les fautes de
français et d'orthographe dont elle fourmille.

La voici donc telle qu'elle a été écrite et qu'elle
existe encore :

Mon cher oncle,

Je vous *écrit* pour vous informer du *pasage*
de mon cher père par Brienne, pour aller à Paris conduire Mariana (2) à *St. Cire* et tâcher

(1) La famille Biadelli est alliée à la famille Bonaparte
par un double mariage : celui d'Antonia Biadelli avec Napoléon Lévie Ramolino et celui de Maria Biadelli avec Jean
Thomas Arrighi, grand'père du duc de Padoue actuel, Ernest,
un instant ministre de l'intérieur sous le second Empire,
pendant la campagne de 1859 en Italie.

M. Lévie Ramolino, héritier de la maison dans laquelle
Napoléon est né à Ajaccio.

(2) Le nom de Mariana Bonaparte fut changé en celui
d'Élisa, à Saint-Cyr, pour ne pas la confondre avec une
autre jeune fille de Corse, Mariana de Casablanca. Depuis
le nom d'Élisa resta à la sœur de Napoléon qui devint la
grande duchesse de Toscane.

de rétablir sa *senté*. Il est arrivé ici le 21 avec Lucciano, et les 2 demoiselles que vous avez *vue* il a laissé ici ce *dernié* qui est âgé de 9 ans et grand de 3 pieds 11 p. 6 lignes, il est en 6ᵉ pour le latin va *aprendre tous* les *diférentes* parties de lenseignement il marque beaucoup de disposition et de *bone* volonté, il faut espérer que ce sera un bon sujet il se porte bien est gros vif et étourdi et pour le *comencement* on est content de lui il *sai* très bien le français et a oublié l'italien tout à fait au reste il va vous *écrir derier* ma lettre, je ne lui *dirait* rien en-*fin* que vous voyez son savoir *fair*, j'espère qu'*atuelement* il vous écrira plus *soin* (1) que *lorcequ'il* était à Autun. Je suis persuadé que Joseph, mon frère, ne vous a pas écrit, *coment voudririez* vous qu'il le fît, il n'écrit à mon cher père que 2 lignes *quat* il le fait, en vérité ce n'est plus le même. Cependant il m'*écrie* très *soin*, il est en réthorique et ferait le mieux

(1) Soin pour souvent.

s'il *travalé* car monsieur le principal a dit à mon cher père qu'il n'*avaie* dans le *colege* ni *phisicien* ni *réthorictien* ni philosophe qui eut tant de talent que lui et qui fit si bien une version quant à l'état qu'il veut *embraser* l'éclésiastique a été comme vous *savé* le premier qu'il a choisi il a persisté dans cette résolution jusqu'à cette *heur ou* il *veu* servir le roi en quoi il a bien *tord* par *plusieur raison* 1° comme le remarque mon cher père il n'a pas *assé* de *ardiesse* pour *éfronter* le *perilles* d'une action sa *senté* faible ne lui permet pas de soutenir *le* fatigues dune campagne et mon frère *nanvisage* l'état militaire que du côté des *garnison* ; qui mon cher frère sera un très bon *oficié* de garnison, bien fait ayant l'esprit *legé concequament* propre aux frivoles *combliments* et avec ses talents il se tirera toujours bien d'une société, mais d'un combat? c'est *ce que* mon cher père doute.

« Qu'importe a des *guerrié* ces frivoles avantages
« Que sont tous ces *trésor* sans celui du courage
« A ce prix *fuciez* vous aussi beau qu'adonis

« Du dieu même du *peau* (1) eusiez-vous *l'élocance*
« Que *son* tous ces dons? Sans celui de *l'avallance*.

2° il a reçu une éducation pour létat *eclésias-tique;* il est bien tard de se *demantir*, monsei-gneur lévêque d'autun lui aurait donné un gros bénéfice et il était sur d'être èveque *quelles* avantages pour la famille? Monseignenr d'au-tun a fait tout son *posible* pour *l'angager* a *pré-sister* lui *prometant* qu'il s'en repentirait point rien il *présiste*. Je le loue si *sait* de *goust désidé* qu'il a pour cet état le plus beau cependant de tous les *corp* et si le grand moteur des choses humaines en le formant lui a donné (*tel que* moi), une inclination *décidé* pour le militaire.

3° Il *veu* qu'on le place dans le militair, *s'est* fort bien mais dans *quelle corps ece* dans la marine, 1° il ne sait point de mathématique il lui faudra 2 ans pour *laprendre* 2° sa *senté* est incompatible avec la *mere, ece* dans le génie dont il lui faudra 4 ou 5 ans pour *aprendere* ce

(1) Pour Pinde.

qu'il lui faut et au *bue* de ce terme il ne sera encore qu'élève de génie d'autant plus je pense que toute la journée être occupé à travailler n'est pas compatible avec la légèreté de son *caractair* la même raison qui existe pour le génie existe pour l'*artillerie* a l'*expection* qu'il faudra qu'il travaille que 18 mois pour être élève et autant pour être *officié, ho!* cela n'est pas encore a son *goust.* Voyons donc il *veu antrer* sans doute dans l'*enfenterie* bon je l'*entens* il veut être toute la journée sans rien *fair*, il *veu batre* le pavé toute la journée et d'autant plus *quesqu'un* minse *officié d'enfanterie* un mauvais sujet les *troi* quarts du temps et c'est ce que mon *che* père ni vous ni ma mère ni mon oncle l'*archediacre* ne veulent car il a déjà montré des petits tours de légèreté et de prodigalité en *concequence* on fera un dernier *efort* pour l'*angager* a l'état éclésiastique faute de quoi mon cher père l'*anmènera* avec lui en Corse ou il l'aura sous ses yeux on *tachera* de le *fair* entrer au bareau.

Je *finie* en vous priant de me continuer vos *bones* grâces m'en rendre digne sera le devoir pour moi le plus *ésencielle* et le plus recherehé.

Je suis avec le respect le plus profond,

Votre très humble et très obéissant serviteur et neveu,

NAPOLÉONE DI BUONAPARTE.

P. S. Mon cher oncle *dechiré* cette lettre mais il faut espérer que *Josephe* avec les talents qu'il a et les sentiments que son éducation doit lui avoir inspiré *prendera* le bon *partie* ce sera le *sutien* de notre famille *representer* lui un peu tous ces avantages.

En marge de cette lettre, on trouve : « J'ai reçu cette lettre le 14 juillet 1784; le 25, j'ai répondu. » Et au dos :

Mon cher oncle,

Je suis arrivé à Brienne il y a trois jours. Le premier moment de loisir que j'ai, je l'emploie à vous remercier des bontés que vous m'avez de tout temps témoignées ; et à vous prier de me les continuer ; je tâcherai de m'en rendre digne en m'appliquant de plus en plus à mes devoirs, et en contentant mes maîtres le plus qu'il me sera possible.

Je finis en vous souhaitant une santé aussi parfaite que la mienne, mon cher oncle.

Votre très humble et très obéissant serviteur et neveu,

Brienne, 15 juillet 1784.

LUCIANO DI BUONAPARTE.

Lorsque M. Charles Bonaparte père fut mort à Montpellier, le 24 février 1785, entre les bras de son fils aîné Joseph, âgé de dix-sept ans, et que la triste nouvelle parvint à Napoléon, ce dernier écrivit à l'archidiacre Lucien, son grand-oncle, à Ajaccio, et à sa mère, les deux lettres, suivantes :

Paris, 28 mars 1785.

Mon cher oncle, il serait inutile d'essayer de vous exprimer la douleur profonde que j'ai res-

sentie du malheur que nous venons d'éprouver.
Nous avons perdu en lui un père : et Dieu sait
quel père ! par sa tendresse et son amour pour
nous. Tout nous fait voir qu'il était le seul sou-
tien de notre jeunesse. Vous avez perdu en lui
un neveu obéissant et pénétré de reconnaissance.
Ah! vous sentez mieux que je ne le saurais
l'exprimer combien il vous aimait. Notre pays,
j'ose le dire, a perdu en lui un citoyen zélé,
éclairé et désintéressé. Le poste honorable auquel
ses concitoyens l'avaient si souvent élevé indique
assez la confiance qu'ils mettaient en lui; et
cependant, dans quel pays le ciel a-t-il voulu
qu'il rendît son dernier soupir? A une distance
de cent lieues de sa famille, sur une terre étrangère, parmi un peuple indifférent à son existence,
loin de tout ce qui lui était le plus cher ! Un fils,
il est vrai, l'a assisté dans ce terrible moment;
grande consolation pour lui, sans doute, mais
certainement pas comparable au bonheur mélan-
colique qu'il eût éprouvé s'il eût fini sa carrière
dans son pays, entouré de sa femme et de sa

famille. Ainsi l'avait ordonné l'Être suprème !
sa volonté est immuable ! Lui seul peut nous
consoler ! En nous enlevant, hélas ! ce qui était
le plus cher, il nous a du moins laissé ceux qui
seuls peuvent le remplacer !

Daignez donc être pour nous le père que nous
avons perdu. Notre amour, notre reconnaissance vous seront acquis en proportion d'un si
grand sacrifice.

Je finis en vous souhaitant une santé aussi
bonne que la mienne.

Napoléon de Bonaparte.

Le même jour, il écrivit également à sa mère :

Paris, 28 mars 1785.

Ma chère mère, c'est seulement aujourd'hui
que le temps a suffisamment calmé ma douleur,
pour me permettre de vous exprimer ma reconnaissance pour toutes les bontés dont vous
m'avez toujours comblé. Il faut nous consoler;

chère mère, les circonstances le veulent : nous redoublerons d'affection et de dévouement envers vous, trop heureux si, par notre soumission, nous pouvons vous faire oublier en partie la perte inappréciable d'un mari adoré.

Je termine ma lettre, chère mère, ma douleur me l'ordonne, mais, c'est en vous priant de calmer la vôtre. Ma santé est excellente ; tous les jours je prie le ciel de vous en accorder une aussi bonne. Présentez mes respects à Zia Gertrude, Minana Severia, Minana Fesch, etc.

P.-S. — La reine de France est accouchée d'un prince, le 27 mars, à sept heures du soir. On lui a donné le nom de duc de Normandie.

Votre affectionné,

NAPOLÉON DE BONAPARTE.

Dans une autre lettre à son grand-oncle, il lui dit :

Envoyez-moi 300 francs ; cette somme suffira pour me faire aller à Paris. Là, au moins, on peut s'élever, faire des connaissances, et surmonter les obstacles. Tout me dit que j'y réussirai. Voudriez-vous m'en empêcher pour une somme de 100 écus?

Dans une lettre d'Auxonne (1), datée de juillet 1788, et adressée à un ami de sa famille, il dit :

Je n'ai d'autre ressource que mon travail. Je m'habille seulement une fois par semaine : je dors très peu depuis ma maladie, c'est incroyable combien peu! Je me mets au lit à dix heures et me lève à quatre. Je ne fais qu'un repas par jour, ce régime convient très bien à ma santé.

Son frère Lucien lui ayant envoyé une proclamation patriotique, qu'il avait rédigée, Napoléon lui répondit :

J'ai lu votre proclamation, elle ne vaut rien du tout. Il y a trop de mots, pas assez d'idées.

(1) Auxonne était la première garnison du jeune officier d'artillerie, nommé lieutenant en second au régiment de La Fère, le 1er septembre 1785. Napoléon avait alors vingt-quatre ans.

Vous courez le pathos : ce n'est pas là la manière de parler au peuple : il a plus de jugement et d'esprit que vous ne le pensez; votre belle prose fera plus de mal que de bien.

Les fautes contenues dans les lettres du jeune Napoléon Bonaparte n'ont pas été conservées dans les copies rapportées de Corse par M. Blanqui; nous n'avons donc pu les rétablir intégralement comme nous l'avions fait pour celle qui nous a été communiquée par le comte Biadelli.

Le 3 février 1864, Napoléon III, pour une raison que nous n'avons pas à apprécier, remplaça la première commission de la *Correspondance de l'Empereur* par une seconde commission, dont il donna la présidence à S. A. I. le prince Napoléon (Jérôme), et qui fut composée du comte Waleski, membre du conseil privé, de M. Amédée Thierry, sénateur, de M. de Sainte-Beuve, membre de l'Académie, du colonel, depuis général d'artillerie Favé, un de ses aide de camp. Elle conserva pour secrétaire le comte Rapetti.

Personne n'était plus apte que le prince Napoléon à imprimer une bonne, intelligente, habile et rapide direction à cette œuvre; il le prouva immédiatement en faisant adopter une mesure rationnelle : ce fut de terminer chacun des nouveaux volumes par une table

4

analytique parfaitement faite, résumant en quelques lignes les matières contenues dans l'ouvrage, permettant au lecteur de se rendre un compte exact des documents renfermés dans ces volumes, abrégeant et rendant possibles les recherches. C'était là une heureuse innovation et aussi un important et difficile labeur. La commission nouvelle se mit à l'œuvre, et, en six années d'un travail ardu, parvint à terminer l'important ouvrage commencé par la commission de 1854, qui avait mis dix mois pour publier ses quinze premiers tomes.

L'empereur Napoléon III dut alors regretter de n'avoir pas mis son cousin à la tête de la commission primitive. La lacune comblée par le prince dans les dix-sept derniers volumes existe malheureusement encore dans les quinze premiers. La fera-t-on disparaître un jour ? Espérons-le.

Les volumes, fruit du travail des membres nommés en 1864, présentent encore des omissions dont nous allons essayer de combler quelques-unes, comme nous l'avons fait pour la première partie de l'ouvrage, en résumant d'abord chaque volume nouveau.

Le seizième va du 1ᵉʳ septembre 1807 au 27 mars 1808. — Il contient 648 documents numérotés de 13097 à 13743, plus trois lettres sans numéro d'ordre; 83 feuilles, 662 pages.

Documents omis :

Lettre de Napoléon à Joseph, Saint-Cloud, 2 septembre 1807, sans importance historique, lui envoyant la lettre qu'il écrit à la reine Julie sa femme pour l'engager à se rendre à Naples auprès de son mari. Cette prière était un ordre à laquelle la reine s'empressa d'obéir.

Dans une lettre du 26 septembre 1807, de Fontainebleau, Napoléon dit à son frère : « Le dépôt de Mantoue (d'un régiment de chasseurs à cheval) est un ramas de brigands qui commettent toute espèce de désordres. On fait des soldats avec de bons paysans et non pas avec des brigands. »

NAPOLÉON A JOSEPH.

Fontainebleau, 31 octobre 1806.

Mon frère, je ne sais pas si vous avez établi le code Napoléon dans votre royaume. Je désirerais qu'il y fût mis en vigueur comme la loi civile de vos États, à dater du 1er janvier prochain. L'Allemagne l'adopte; l'Espagne ne tardera pas à l'adopter. Il y a beaucoup d'avantage à cela.

Vous devez faire arrêter un sieur de Béthume, émigré français, pensionné par l'Angleterre. Faites-le mettre dans un château fort jusqu'à la paix. Faites la même chose pour les nommés Lombardi, Peroni, Cara, Martini, les deux frères Cerutti, Laurent Durazzo, de l'abbé Del Arco et du chevalier de Posses. Faites organiser une prison dans un château fort et faites-y emprisonner tous ces individus. J'ai donné ordre qu'on arrêtât tous les Corses pensionnés de l'Angleterre. J'en ai déjà fait mettre plusieurs à Fenestrelles, entre autres le nommé Berro-Lazzi. Je vous recommande de faire exécuter la même mesure dans vos États.

NAPOLÉON A JOSEPH.

17 août 1807.

Mon frère, ni moi ni mes ministres ne recevons des nouvelles de mon armée de Naples. Je n'en ai aucun état de situation. Je vous avais

demandé de me les envoyer tous les dix jours.
Je n'ai point non plus de détails de l'exécution
de mes ordres, relativement à l'occupation de
Corfou.

Je vous ai fait connaître qu'il fallait envoyer
4,000 hommes. Ces troupes peuvent être blo-
quées dans cette île; 1,500 hommes ne sont pas
suffisants. Envoyez-moi l'état du régiment que
vous y faites passer avec les noms des officiers
d'état-major, de l'artillerie, du génie. Ordonnez
à votre chef d'état-major de correspondre fré-
quemment et longuement avec le ministre, sur
tout ce qui regarde l'armée, et de lui envoyer la
situation tous les cinq jours. Si cela continue
ainsi, je serais obligé d'envoyer un chef d'état-
major à Naples.

NAPOLÉON A JOSEPH.

Fontainebleau, 2 novembre 1807.

Mon frère, je reçois vos lettres du 23. Je ne
suis pas encore bien décidé à ne pas aller en

Italie. Je ne voudrais pas vous croiser en route ; du moment que j'aurai pris mon parti, je vous écrirai. Faites donc l'expédition de Reggio et Scylla, et purgez le continent de la présence des Anglais. Vous avez dix fois plus de monde qu'il ne faut pour cela, et la saison est très favorable. Je vois avec plaisir que vous avez donné des ordres pour que la garnison russe de Corfou, qui a débarqué à Menfredonia, soit bien reçue.

NAPOLÉON A JOSEPH.

Fontainebleau, 6 novembre 1807.

Mon frère, je reçois votre état de situation du 15 octobre que vous m'envoyez avec votre lettre du 27. Je vois dans cet état que vous avez 72,000 hommes présents sous les armes. Il est inconcevable qu'avec ce nombre de troupes, vous souffriez que les Anglais soient à Scylla et à Reggio. Je vous prie de ne pas perdre un moment à faire cette expédition qui est de la plus grande importance. Une division peut aller hardiment à Reggio et à Scylla, pourvu qu'une division intermédiaire maintienne votre communication entre la division d'expédition et Naples.

NAPOLÉON A JOSEPH.

Fontainebleau, 12 novembre 1807.

Mon frère, je vois par votre lettre du 3 que vous avez 74,000 hommes, soit Français, soit Napolitains, soit Suisses; et cependant avec ces forces, vous n'êtes pas maître de Reggio et Scylla; cela est par trop honteux. Je vous réitère de prendre Reggio et Scylla. Si vous ne le faites pas, j'enverrai un général pour commander mon armée du royaume de Naples, ou je retirerai mon armée du royaume de Naples. Quant aux polissons que vous avez autour de vous, qui n'entendent rien à la guerre et qui donnent des avis dans le genre de ceux que je vois dans les mémoires qu'on me met sous les yeux, vous

devriez m'écouter de préférence. Quand votre
général est venu me trouver à Varsovie, je lui
ai dit alors : Comment souffrez-vous que les
Anglais s'établissent à Reggio et à Scylla? Vous
n'avez à combattre que quelques brigands ; et
les Anglais communiquent avec eux et occu-
pent les points les plus importants du continent
d'Italie. Cela me révolte. Cette occupation,
d'ailleurs, tranquillise les Anglais sur la Sicile ;
ils n'ont rien à craindre, tant qu'ils ont ces
deux points, et, dès lors, leurs troupes de
Sicile peuvent entreprendre ce qu'elles veulent.
Il paraît que vous et vos généraux vous vous
estimez heureux que les Anglais veulent bien
vous laisser tranquilles dans votre capitale. Ils
ont 8,000 hommes et vous en avez 74,000.

Depuis quand les Français sont-ils si mou-
tons et si inertes? Ne répondez à cettre lettre
qu'en m'apprenant que vous avez fait marcher
les troupes et que Reggio et Scylla m'appartiennent ; avec l'armée que vous avez, je voudrais, non seulement défendre le royaume de

Naples, et prendre Reggio et Scylla, mais encore garder les États du pape, et avoir les trois quarts de mes troupes sur l'Adige. Du reste, vous n'avez des brigands dans le royaume de Naples que parce que vous gouvernez mollement; songez que la première réputation d'un prince est d'être sévère, surtout avec les peuples d'Italie. Il faut aussi en chercher la cause dans le tort qu'on a eu de ne point se captiver les prêtres, en ce que l'on a fait trop tôt des changements, mais, enfin, cela n'autorise pas nos généraux à souffrir qu'en présence d'une armée aussi puissante, les Anglais me bravent. Je ne me donne pas la peine de vous dire comment il faut disposer vos troupes, cela est si évident. Parce que le général Reynier a eu un événement à Meida, il croit qu'on ne peut aller à Reggio qu'avec 100,000 hommes. Il est permis de n'être pas un grand général, mais il n'est pas permis d'être insensible à un tel déshonneur. Je préférerai apprendre la mort de la moitié de mes soldats, plutôt que de souffrir cette ignominie. Pourquoi faut-il que je sois obligé de vous dire si fortement une chose si simple ?

Quand vous enverriez 10,000 hommes à Reggio et à Scylla, et que vous en conserveriez 6,000 à Cassano et à Cosenza, que diable craignez-vous de toutes les armées possibles de l'Angleterre ? Quant à Naples, la moitié de vos gardes suffisent pour mettre la police dans cette ville, et pour la défendre contre qui que ce soit.

Je suppose que vous n'avez pas laissé Corfou sans le 14 et que vous avez fait exécuter ponctuellement les ordres que j'ai donnés. Vous avez une singulière manière de faire. Vous tenez vos troupes dans les lieux où elles sont inutiles et vous laissez les points les plus importants sans défense.

Votre femme est venue me voir hier. Je l'ai trouvée si bien portante que j'ai été scandalisé qu'elle ne partît point, et je lui ai dit, car je suis accoutumé de voir les femmes désirer d'être avec leurs maris.

Ne me répondez pas à cette lettre que Reggio
et Scylla ne soient à vous.

NAPOLÉON A JOSEPH.

Milan, le 24 novembre 1807.

Mon frère, le 25 octobre, un bâtiment français a été pris dans le port d'Otrante. Cela n'est
pas étonnant ; il n'y a qu'une pièce de canon
sur la côte pour la défendre.

Le 20 décembre 1807, Napoléon, encore à Milan,
écrivit à Joseph à minuit une longue lettre relative à
leur frère Lucien. Cette lettre, très curieuse, supprimée aux *Mémoires de Joseph* et à la *Correspondance*, la voici dans son entier :

Mon frère, j'ai vu Lucien à Mantoue. J'ai
causé avec lui pendant plusieurs heures. Il vous
aura sans doute mandé la disposition dans laquelle il est parti. Ses pensées et sa langue sont
si loin de la mienne que j'ai peine à saisir ce
qu'il voulait. Il me semble qu'il m'a dit qu'il

voulait envoyer sa fille aînée à Paris, près de sa grand'mère. S'il est toujours dans ces dispositions, je désire en être sur-le-champ instruit; or, il faut que cette jeune personne soit dans le courant de janvier à Paris, soit que Lucien l'accompagne, soit qu'il charge une gouvernante de la conduire à Madame. Lucien m'a paru être combattu par différents sentiments et n'avoir pas assez de force de caractère pour prendre un parti.

Toutefois, je dois vous dire que je suis prêt à lui rendre son droit de prince français, à reconnaître toutes ses filles comme mes nièces, toutefois qu'il commencerait par annuler son mariage avec Mme Joubersthon, soit par divorce, soit de toute autre manière.

Dans cet état de choses, tous ses enfants se trouveraient établis. S'il est vrai que Mme Joubersthon soit aujourd'hui grosse et qu'il en naisse une fille, je ne vois pas d'inconvénient à l'adopter; si c'est un garçon, à le considérer comme fils de Lucien, mais non d'un mariage avoué, et celui-là, je consens à le rendre capable d'hériter d'une souveraineté que je placerais sur la tête de son père, indépendamment du rang où celui-ci pourra être appelé par la politique générale de l'État, mais sans que ce fils puisse prétendre à la succession de son père, dans son véritable rang, ni être appelé à la succession de l'empire français.

Vous voyez que j'ai épuisé tous les moyens qui sont en mon pouvoir de rappeler Lucien, qui est encore dans sa première jeunesse, à l'emploi de ses talents pour moi et sa patrie. Je ne vois point ce qu'il pourrait actuellement alléguer contre ce système.

Les intérêts de ses enfants sont à couvert; ainsi donc, j'ai pourvu à tout.

Le divorce une fois fait avec Mᵐᵉ Joubersthon, ayant un grand titre à Naples ou ailleurs, si Lucien veut l'appeler près de lui, pourvu que ce ne soit pas en France qu'il veuille vivre avec elle, non comme avec une princesse sa femme, et dans telle intimité qu'il lui plaira, je n'y mettrai point d'obstacle, car c'est la politique seulement qui m'intéresse. Après cela, je ne veux point contrarier ses goûts et ses passions.

Voilà mes propositions; s'il veut m'envoyer sa fille, il faut qu'elle parte sans délai et qu'en réponse, il m'envoie une déclaration que sa fille part pour Paris et qu'il la met entièrement à ma disposition, car il n'y a pas un moment à perdre, les événements se pressent, et il faut que les destinées s'accomplissent. S'il a changé d'avis, que j'en sois également instruit sur-le-champ, car j'y pourvoirai d'une autre manière, quelque pénible que cela fût pour moi; car pourquoi méconnaîtrais-je ces deux jeunes nièces qui n'ont rien à faire avec le jeu des passions dont elles peuvent être les victimes?

Dites à Lucien que sa douleur et la partie des sentiments qu'il m'a témoignés m'ont touché, et que je regrette davantage qu'il ne veuille pas être raisonnable et aider à son repos et au mien. Je compte que vous aurez cette lettre le 22.

Mes dernières nouvelles de Lisbonne sont du 17 novembre. Le prince régent s'était embarqué pour se rendre au Brésil; il était encore en rade de Lisbonne. Mes troupes n'étaient qu'à peu de lieues des forts qui ferment l'entrée de la rade. Je n'ai point d'autres nouvelles d'Espagne que la lettre que vous avez lue. J'attends avec impatience une réponse claire et nette, surtout pour ce qui concerne Lolotte.

P.-S. — Mes troupes sont entrées le 3o novembre à Lisbonne. Le prince royal est parti sur un vaisseau de guerre. J'en ai pris cinq ou six frégates. Le 3 décembre, tout allait bien à Lisbonne. Le 6 décembre, l'Angleterre a déclaré la guerre à la Russie. Faites passer cette nouvelle à Corfou. La reine de Toscane est ici, elle veut s'en aller à Madrid.

Ajoutons que Napoléon fut d'autant plus irrité de la résistance à ses volontés de son frère Lucien que, préoccupé à ce moment des affaires d'Espagne, il songeait à donner suite aux propositions que lui avait fait faire Ferdinand, fils de Charles IV et héritier présomptif du trône, pour obtenir la main d'une princesse Bonaparte. Il voulait lui faire épouser la fille de Lucien

Si ce projet s'était réalisé, la face des choses eût pu se modifier du tout au tout en Europe. Napoléon n'eût probablement pas songé à s'emparer de l'Espagne, dont le trône eût été occupé par Ferdinand; la cause première et prépondérante de la chute du premier Empire eût été conjurée, car il est difficile de ne pas admettre que la guerre d'Espagne sous Napoléon Ier, comme la guerre du Mexique sous Napoléon III, n'aient pas énormément contribué à la chute de ces deux monarchies.

NAPOLÉON A FOUCHER, MINISTRE DE LA POLICE.

Fontainebleau, 12 novembre 1807.

H... et sa femme voient le prince Jérôme et intriguent près de lui. Vous me ferez un petit rapport sur les mesures à prendre pour éloigner ces intrigants du prince. Vous le baserez sur les termes du statut de famille.

Ce M. H... que l'Empereur détestait pour des motifs de famille et envers lequel il se livrait à des actes arbitraires, ainsi qu'on peut s'en rendre compte par la lettre ci-dessus, était un ancien fournisseur des armées, fort riche, et qui, averti par le prince Jérôme du mécontentement de Napoléon et ne voulant pas être la cause d'une mésintelligence entre les deux frères, renonça à voir le futur roi de Westphalie et s'éloigna en adressant à ce dernier, le 15 novembre, une lettre très digne, lettre que Jérôme envoya à l'empereur.

A la date du 7 décembre, on trouve à la *Correspondance* une lettre écrite de Venise par Napoléon à Jérôme, dans laquelle il lui dit : « Je vous envoie la réponse de l'impératrice de Russie. J'ai ouvert celle qui vous était adressée ; je n'ai pas pris la même liberté pour celle de la princesse, parce que je suppose qu'elle ne contient rien d'important, cependant je désire que vous m'en envoyiez une copie, etc., etc. »

On voit que l'Empereur se gênait peu avec ses frères. Au reste, sous le premier Empire, le secret des lettres était violé avec le plus grand sans-façon. Napoléon se faisait envoyer celles de ses parents, de ses grands dignitaires et de grand nombre d'hommes politiques. Il apprenait ainsi beaucoup de choses dont il faisait son profit. Imitant cet exemple, Jérôme avait établi à quelques lieues de Cassel, en West-phalie, un cabinet noir où venaient aboutir les dépê-

ches pouvant avoir quelque importance. C'est ainsi
que tombèrent entre ses mains plusieurs des lettres
du prince royal de Wurtemberg, son beau-frère,
adressées à Blanche Carrega, maîtresse à la fois des
deux princes. Le ministre de France à la cour de
Cassel ayant avoué dans une de ses lettres qu'il
craignait pour sa correspondance avec le ministre
de France, l'Empereur lui fit envoyer un chiffre.

NAPOLÉON A JOSEPH.

Paris, 11 janvier 1808.

Mon frère, je vous remercie de ce que vous
me dites pour la nouvelle année. Vous voyez
que je réponds à votre lettre du 26 décembre
par la mesure que je prends et que je vous
instruis par ma lettre d'hier. Quant au mémoire
dont vous me parlez, je n'y ai fait aucune attention, je suis fait à ces jeux d'intrigues. Je ne lis
pas les mémoires qui m'arrivent par la voie de
l'impression.

Dans une longue lettre de Napoléon à Joseph, en
date du 28 janvier 1808, de Paris, on a effacé dans

la *Correspondance* et aux *Mémoires* le nom de Berthier (César), frère du major-général et de l'incapacité duquel parle l'Empereur.

NAPOLÉON A JOSEPH.

Paris, 10 févier 1808.

Mon frère, je reçois votre lettre du 3 février.
Je vois avec une grande peine que Scylla n'est
pas encore en votre pouvoir. J'attends avec impatience la lettre que vous m'annoncez pour
demain. Vous auriez bien pu me dire aujour-
d'hui la quantité de bâtiments que vous avez,
car je n'ai pas de nouvelle que mon escadre de
Toulon soit partie, et j'aurais pu lui ordonner
de commencer par se rendre à Baies. Toutefois, vous saurez, à l'heure qu'il est, le parti de
l'amiral Ganteaume. Si vous êtes prêt à faire
l'expédition à Reggio, mon escadre de Corfou
pourra venir pour partager l'opération. Mais la
possession de Scylla est bien importante; une
escadre se hasarderait difficilement à passer le

détroit, si Scylla était armée d'une bonne batterie. Le capitaine de Simone n'est pas encore arrivé. Je suppose que vous ne lui avez rien dit et que vous n'avez parlé à qui que ce soit.

NAPOLÉON A JOSEPH.

Paris, 15 février 1808.

Mon frère, je vous envoie la déposition d'un capitaine américain, parti de Palerme le 6 janvier. Il en résulte qu'il n'y a en Sicile aucune force anglaise. Cela étant, tout porte à penser que l'expédition qu'on médite réussira facilement. Dans vos dernières lettres, vous ne me parlez pas de cet objet important.

Ce renseignement était faux.

NAPOLÉON A JOSEPH.

Paris, 17 février 1808.

Mon frère, je reçois votre lettre du 11. Je ne conçois pas que vous n'ayez pas voulu recevoir les cardinaux et que vous ayez eu l'air d'aller contre ma direction. Je ne vois pas de difficultés que le cardinal Ruffo de Scylla, archevêque de Naples, soit envoyé à Bologne; que le cardinal Ruffo qui commandait les Calabrais soit envoyé à Paris, et que ceux que vous ne voudrez pas soient envoyés à Bologne. Mais il faut d'abord envoyer quelques-uns à Gaëte pour y recevoir leur serment et ensuite les faire conduire en Italie.

Je suis surpris que les prêtres à Naples osent bouger.

NAPOLÉON A JOSEPH.

Paris, 2 mars 1808.

Mon frère, je reçois votre lettre du 22 février. Mon intention n'est pas que mes vaisseaux de guerre soient disséminés. Deux vaisseaux de guerre dans le port de Naples ne vous seraient d'aucune utilité, je veux avoir tous mes vaisseaux réunis. Je suppose que vous ne devez pas

5.

tarder à avoir des nouvelles de l'amiral Ganteaume.

NAPOLÉON A JOSEPH.

Saint-Cloud, le 11 mars 1808,

Mon frère, Lucien se conduit mal à Rome, jusqu'à insulter les officiers romains qui prennent parti pour moi, et se montre plus Romain que le pape. Je désire que vous lui écriviez de quitter Rome et de se retirer à Florence ou à Pise. Je ne veux point qu'il continue à rester à Rome, et, s'il se refuse à ce parti, je n'attends que votre réponse pour le faire enlever. Sa conduite a été scandaleuse; il se déclare mon ennemi et celui de la France. S'il persiste dans ces sentiments, il n'y a de refuge pour lui qu'en Amérique. Je lui croyais de l'esprit, mais je vois que ce n'est qu'un sot. Comment, à l'arrivée des troupes françaises, pouvait-il rester à Rome? Ne devait-il pas se retirer à la campagne. Bien plus, il se met en opposition avec moi, cela n' pas de nom. Je ne souffrirai pas qu'un Français et un de mes frères soit le premier à conspirer et à agir contre moi avec la prêtraille.

Il n'est pas sans intérêt de placer ici une lettre de Joseph, écrite le 4 février 1808 de Naples à l'Empereur et relative à cette affaire de Lucien, lettre omise aux *Mémoires* et que voici :

Sire, je reçois votre lettre du 26. Vos troupes sont entrées à Rome. Lucien me demande à se retirer dans une campagne aux environs de Naples avec sa famille. Il me dit qu'il n'est pas en sûreté à Rome; que la populace croit qu'il a été décidé par Votre Majesté, lors de son entretien avec elle à Mantoue, que les États du pape lui seraient donnés.

Je lui réponds qu'il ne m'est pas possible d'y voir sa femme; que je l'y verrai avec mes nièces, si cela est utile à sa santé ; que je croyais devoir vous en écrire, que les troupes françaises étant à Rome, je ne voyais pas ce qu'il avait à craindre, s'il voulait y rester.

Cette lettre prouve que Napoléon était injuste envers Lucien et que ses frères vivaient sous son entière dépendance. Lucien seul semblait vouloir s'en affranchir.

Dans une lettre de Napoléon à Joseph, de Paris, 16 mars 1808, on a effacé après : « La réponse du contre-amiral Cosmao est inconcevable », la phrase : « On peut être bête, mais l'être à ce point, c'est un peu trop fort. » Et plus loin : « C'est un misérable homme que ce Cosmao. »

Ce contre-amiral Cosmao, que l'Empereur traite si mal et pour lequel il se montre fort injuste, ainsi que cela lui arrivait parfois lorsque le succès ne couronnait pas les entreprises, était un fort brave homme et un excellent marin. Il avait opéré avec intelligence le ravitaillement de Corfou, et, n'ayant pu obtenir de Joseph des ordres positifs pour l'expédition de Sicile, ordres que Joseph (sous l'entière dépendance de son frère relativement aux armées de terre et de mer de Naples) n'osait donner à un officier général non sous son commandement, le contre-amiral Cosmao, disons-nous, rallia l'escadre de Ganteaume à Tarente. Les affaires d'Espagne firent bientôt abandonner les projets sur la Sicile, Napoléon ayant rappelé ses troupes de mer en France. Du reste, l'Empereur revint sur le compte de Cosmao et l'employa avec succès, lui rendant ainsi la justice qu'il méritait.

L'affaire des cardinaux et une lettre écrite par Saliceti, ministre de police à Naples, au général Miollis, commandant à Rome, lettre en date du 13 mars 1808, attirèrent à Joseph le blâme contenu dans une dépêche de Saint-Cloud, du 25 mars, dépêche omise aux *Mémoires* et à la *Correspondance*; la voici tout entière. Joseph ayant envoyé la lettre de Saliceti à Napoléon, ce dernier lui répond :

Mon frère, je ne puis qu'être indigné de cette lettre de Saliceti. Je trouve fort étrange qu'on répande qu'on mettra en liberté à Terracine des hommes que j'ai ordonné qu'on conduise à Naples (les cardinaux). Ces contre-ordres et cette ridicule opposition font sourire la cour de Rome et sont plus nuisibles à Naples qu'ailleurs. J'ai envoyé les cardinaux napolitains à Naples pour y prêter le serment à leur souverain légitime. Cette formalité est nécessaire pour que je les reconnaisse pour cardinaux. Si vous redoutiez leur présence à Naples, il fallait les envoyer à Gaëte et préposer quelqu'un pour recevoir leur serment. Après cela, vous pouviez en faire ce que vous vouliez. Je ne voyais pas d'inconvénient à les laisser à Naples. Tant de faiblesse et d'ineptie, je ne suis pas accoutumé à les voir où je commande; mais enfin, s'il y avait inconvénient à recevoir leur serment à Naples, il n'y en avait pas à Gaëte.

Si vous avez voulu montrer à l'Europe votre indépendance, vous avez choisi là une sotte occasion. Ces prêtres sont des gens contre lesquels je me fâche pour vous. Vous pouvez bien être roi de Naples, mais j'ai le droit de commander un peu où j'ai 40,000 hommes. Attendez que vous n'ayez plus de troupes françaises dans votre royaume, pour donner des ordres contradictoires aux miens, et je ne vous conseille pas de le faire souvent.

Rien, je vous le répète, ne pouvait m'être plus désagréable que de voir contredire ouvertement les mesures que je prends pour mettre Rome à la raison. Si c'est Rœderer ou Miot qui vous a donné ce conseil, je ne m'en étonne pas, ce sont des imbéciles; si c'est Saliceti, c'est un scélérat, car il a trop d'esprit pour ne pas sentir combien cela est délicat.

Le *mezzo termine* de retenir les cardinaux dans une place frontière était si simple.

Joseph répondit à cette dure lettre de son frère, le 5 avril, en lui envoyant un rapport exact sur les cardinaux napolitains, et en lui disant :

Votre Majesté jugera si je méritais les reproches amers contenus dans sa lettre du 25. Si elle relit sa lettre, elle jugera de la peine qu'elle a dû me faire : me connaissant comme elle me connaît, elle en aura un vif regret. Mais je supplie Votre Majesté de ne plus penser qu'à ma tendresse pour elle, à ma reconnaissance et à mon respect.

Napoléon ne répondit pas à cette lettre de Joseph.

Le dix-septième volume de la *Correspondance* s'étend du 15 avril au 14 octobre 1808. Il contient 637 documents numérotés de 13745 à 14382, documents imprimés dans 92 feuilles (733 pages).

Presque toutes les lettres de l'Empereur non insérées dans ce volume sont publiées aux *Mémoires* de Joseph, du prince Eugène et de Jérôme; voici les omissions :

Dans une lettre de Bayonne, en date du 6 mai 1808, Napoléon envoie une brochure à son frère Joseph, relative aux affaires d'Espagne. Une lettre identique ayant été adressée au roi Jerôme, de Westphalie, et imprimée à la *Correspondance*, celle au roi de Naples a été supprimée pour ne pas faire double emploi.

NAPOLÉON A JOSEPH.

Bayonne, 21 mai 1808.

Mon frère, il faut faire arrêter le commandant de la canonnière napolitaine *le Requin* et lui faire faire son procès, pour avoir lâchement rendu son bâtiment.

NAPOLÉON A JOSEPH.

Bayonne, 14 juillet 1808.

Mon frère, dans une de vos lettres, vous me parlez de la guerre continentale. Je croyais vous

avoir dit que j'étais très bien avec la Russie.
Quant à l'Autriche, tout ce tapage qu'elle fait
est le résultat d'une peur panique; tout cela est
de nulle importance; une note que vous trouverez ci-jointe vous fera connaître comment vont
vos derrières, Vittoria, Burgos sont gardés, et
vous donnera un aperçu général de la situation
de mon armée en Espagne.

Joseph était dans le vrai, puisque bientôt la
guerre fut déclarée à l'Autriche.

NAPOLÉON A JOSEPH.

Bayonne, 16 juillet 1808.

Mon frère, je vous envoie des lettres que le
général Verdier a saisies dans son expédition
de Saragosse. On dit que Palafox s'était sauvé
lors du bombardement. Au moment même
arrive l'estafette de Madrid. Il n'y a aucune
espèce de doute à avoir que le maréchal Mon-

cey n'ait eu du succès contre les insurgés de Valence, qu'il n'a pas jugé à propos d'attaquer cette ville qu'il aura trouvée barricadée et qu'il sera devant, en parlementage ou campé.

Je vous envoie une lettre de La Forest (ambassadeur de France). Il ne faut pas que M. Urquijo (un des ministres de Joseph) commence par faire des sottises. Le secrétaire d'État doit tout envoyer aux ministres respectifs et les ministres doivent seuls agir, sans cela il n'y aurait en Espagne qu'un seul ministre, le secrétaire d'État, et les autres ministres ne seraient rien.

Le secrétaire d'État a eu tort d'envoyer la Constitution à l'Assemblée ; il devait l'envoyer au ministre de la justice. La mesure que La Forest propose, relativement à la Cour de cassation, me paraît fort bonne. Je suis toujours dans l'opinion que vous ne pouvez pas avoir un meilleur ministre de la police que celui que je vous ai désigné (M. Caballero), qui est décidé, qui a de l'esprit et de l'intrigue.

Dans une longue lettre insérée aux *Mémoires de Joseph*, en date du 18 juillet 1808 et omise à la *Correspondance*, Napoléon donne à son frère son opinion sur le général Savary; lui annonce le départ de Naples de la reine Julie; l'engage à faire fouiller les couvents et lui envoie le résumé d'une note qui doit lui parvenir le jour suivant.

NAPOLÉON A JOSEPH.

Bayonne, 12 juillet 1808.

Mon frère, la lettre du général Reynier ne me plaît pas; il a l'air de faire des concessions. J'ai donné l'orde au maréchal Jourdan de partir en poste. Il sera à Madrid vers le milieu d'août. Je lui ai demandé de laisser le commandement de l'armée de Naples au plus ancien général de division. Il réunira les deux places de commandant de mon armée, sous le titre de votre major-général et de capitaine de vos gardes, si vous voulez lui confier ces fonctions.

L'Empereur avait délégué le général Reynier pour remplir près de Joseph, à Madrid, les fonctions de major-général. Cet officier général, auquel on avait écrit, ayant fait quelques réserves, cela déplut à Napoléon. D'ailleurs, le maréchal Jourdan convenait davantage à son frère Joseph. Ce dernier fut donc appelé à Madrid et resta longtemps auprès du roi. Le maréchal a écrit sur les guerres d'Espagne des mémoires qui, restés manuscrits, ont été utiles à M. Thiers, par lequel ils ont été fort dénaturés, et à l'auteur des *Mémoires du roi Joseph*, qui en avait reçu une copie envoyée par Jourdan au comte de Survilliers, en Amérique, pendant l'exil du prince dans ce pays.

Napoléon a Joseph.

Pau, le 23 juillet 1808, 4 heures du matin.

Mon frère, c'est vous qui commandez, je vous l'ai dit, je veux le mettre à l'ordre. Savary, dans le rapport qu'il fait au major-général, le dit, puisqu'il dit : qu'il a fait un mouvement sans votre ordre; vous auriez donc pu vous épargner une page de bavardage, etc., etc.

NAPOLÉON A JOSEPH.

Rochefort, 6 août 1808.

Mon frère, je reçois votre lettre du 30 juillet. La grande armée est en marche. Les secours vous arrivent; sa réunion avec Bessières doit vous mettre à même de montrer les dents. Je vous écrirai plus longuement, lorsque je saurai que vous avez reçu votre chiffre.

J'apprendrai avec plaisir que vous avez montré du caractère et du talent.

Je serai à Paris sous peu de jours.

NAPOLÉON A JOSEPH.

Saint-Cloud, 16 août 1808.

Mon frère, tout ce qui se passe en Espagne est bien déplorable. L'armée paraît commandée, non par des généraux qui ont fait la guerre, mais par des inspecteurs des postes. Le pays qui vous convient pour faire la guerre est un pays de plaine, et vous vous enfoncez dans un pays de montagnes, sans raison ni nécessité. Dans une retraite aussi précipitée, que de choses on doit avoir perdues, oubliées! etc., etc.

Deux lettres de Napoléon à Jérôme, roi de Westphalie, ont été omises au dix-septième volume de la *Correspondance*, mais elles se trouvent aux *Mémoires de Jérôme;* l'une, du 6 octobre 1808, est pour lui dire de mettre le séquestre sur les biens de M. de Stein; la seconde, du 12 octobre, est pour prévenir Jérôme que le langage pacifique de l'Autriche permettait de croire la guerre évitée, qu'il pouvait donc lever ses camps et faire rentrer ses troupes dans leurs garnisons. On voit que Napoléon était induit en erreur.

Dans une longue lettre en date du 9 septembre 1808, de Napoléon à Joseph, lettre non insérée à la *Correspondance* et qui se trouve aux *Mémoires*, on a omis ces mots : « Le peuple espagnol est vil et lâche, à peu près comme j'ai connu les Arabes. »

Le dix-hutième volume de la *Correspondance* va du 19 octobre 1808 au 13 mai 1809; il contient

820 documents, du numéro 14383 au numéro 15203.
Il a 716 pages réparties en 90 feuilles.

Pièces omises dans ce volume :

NAPOLÉON A JOSEPH.

Burgos, le 19 novembre 1808.

Mon frère, j'ai fait donner l'ordre au payeur de remettre à votre ministre des finances 300,000 francs sur les 6 millions qu'il a ici, qui sont retenus sur le produit de la vente des laines. Cela ne doit pas empêcher votre ministre des finances de se procurer des ressources sur le cinquième qui vous est déjà acquis pour droit d'extraction de ces laines. Je ferai donner aux personnes avec lesquelles il traitera toutes les assurances qu'elles voudront.

NAPOLÉON A JOSEPH.

Aranda-sur-le-Duero, le 23 novembre 1808,
à 7 heures du matin.

Mon frère, je suis arrivé ici à quatre heures. — Le maréchal Ney a dû marcher le 22 sur

Soria. Je n'ai pas eu encore de nouvelles. Il paraît qu'il y a eu beaucoup de mouvements et de désordres à Madrid. Je vous envoie quelques lettres interceptées. J'ai fait ordonner au général Darmagnac d'envoyer une compagnie du 118° à Lerma, pour y tenir garnison et y maintenir l'ordre. Il en enverra une autre à Gusmil, pour le même objet.

NAPOLÉON A JOSEPH.

Chamartin, le 12 décembre 1808.

Mon frère, envoyez des agents dans les provinces, dans la partie de celle de Cuença... (*quelques mots illisibles*), dans la Manche, dans la Castille, à Ségovie, à Talavera de la Reyna où nous sommes entrés, pour prendre les caisses dans les villages et dans les villes. Il y a de l'argent partout.

Dans une lettre d'Astorga, en date du 2 janvier 1809, de Napoléon à Joseph, on a omis : « Il y a une telle imbécillité dans la correspondance du duc de Dantzig que je n'y conçois rien. J'espère que Merlin l'aura rejoint et lui aura appris à lire. »

NAPOLÉON A JOSEPH.

Valladolid, 8 janvier 1809.

Mon frère, je n'ai pas reçu de lettres de vous depuis le 2 janvier. Hier est parti l'officier d'ordonnance Germain, avec des lettres de moi pour Madrid. Je suppose que les courriers que vous m'aurez envoyés auront passé par Bénévent. Vous trouverez ci-joint copie de ma lettre d'hier, en cas que quelque accident en ait retardé la remise. Vous trouverez aussi les paquets qui sont arrivés pour vous par l'estafette. Il paraît que les Anglais, ayant appris mon entrée à Madrid, ont embarqué sur leurs vaisseaux l'artillerie qu'ils avaient apportée pour le Portugal et pour l'Espagne.

Je vous ai mandé que Toro, qui s'était ré-

volté, avait été soumis ; il y a eu une charge de cavalerie dans laquelle on a tué une soixantaine de ces insurgés. Le général Maupetit s'est porté sur Zamora où il a reçu quelques coups de fusil. N'ayant pas 500 chevaux, il a pris position en attendant que le général Lapisse lui envoie de l'infanterie. J'ai fait arrêter ici douze des plus mauvais sujets que j'ai fait pendre.

La vice-reine d'Italie est accouchée d'une fille.

A cette lettre était joint le décret suivant :

Napoléon, etc. : Considérant qu'un soldat de l'armée française a été assasssiné dans le couvent des Dominicains de Valladolid ; que l'assassin, qui était un domestique de ce couvent, a été recelé par les moines ; nous avons ordonné et ordonnons ce qui suit :

Art. 1er. — Les moines du couvent de Saint-Paul, de l'ordre des Dominicains de Valladolid, seront arrêtés ; et ils resteront en arrestation jusqu'à ce que l'individu qui a assassiné un soldat français dans leur couvent ait été livré.

Art. 2. — Ledit couvent sera supprimé et les biens seront confisqués au profit de l'armée et pour indemniser qui de droit.

Deux lettres, omises à la *Correspondance* et se trouvant aux *Mémoires de Joseph*.

1° Napoléon à Joseph. Valladolid, 11 janvier 1809. — Lettre contenant l'ordre de renvoyer à Valladolid le duc de Dantzig, qui ne commandera plus le 4ᵉ corps, mis sous les ordres de Jourdan, restant néanmoins major-général. L'ordre de faire battre la plaine en avant du pont d'Almaraz par le général Lassalle et ses quatre régiments de cavalerie. Cette lettre se termine ainsi :

Je ne suis pas content de la police de Madrid, Belliard est très faible. Avec les Espagnols, il faut être sévère. J'ai fait arrêter ici quinze des plus méchants et je les ai fait fusiller. Faites-en arrêter une trentaine à Madrid. Quand je suis parti, on avait fait des enquêtes et l'on était sur le point de les saisir. — Quand on la traite avec douceur, cette canaille se croit invulnérable; quand on en pend quelques-uns, elle commence à se dégoûter du jeu et devient soumise et humble comme elle doit être.

Je vous envoie une relation de la révolution de Constantinople, faites-la mettre dans les gazettes.

2° Napoléon à Joseph. Valladolid, 12 janvier 1809. — Il a très bien fait de dissoudre les bataillons de marche. Il lui recommande de faire son entrée à Madrid avec beaucoup de pompe.
Lettre terminée ainsi :

L'opération qu'a faite Belliard est excellente. Il faut faire pendre à Madrid une vingtaine des plus mauvais sujets. Demain, j'en fais pendre ici sept connus par tous les excès, dont la présence affligeait les honnêtes gens qui les ont dénoncés secrètement, et qui reprennent du courage en s'en voyant débarrassés. Si on ne débarrasse pas Madrid d'une centaine de ces boutefeux, on aura rien fait. Sur ces cent, faites m'en pendre ou fusiller douze ou quinze et envoyez le reste en France, aux galères. Je n'ai eu de tranquillité en France et je n'ai rendu la confiance aux gens de bien qu'en faisant arrêter deux cents boutefeux, assassins de septembre, et en les envoyant dans les colonies. Depuis ce temps-là, l'esprit de la capitale a changé comme par un coup de sifflet.

NAPOLÉON A JOSEPH.

Valladolid, le 16 janvier 1809.

Mon frère, je suppose que la députation arrive aujourd'hui. Je la recevrai aussitôt. Votre correspondance est sèche et ne dit jamais rien. Il me semble que vous auriez dû m'écrire dès que cette députation est partie et m'envoyer le nom de ceux qui la composent.

Et plus loin :

La cour des alcades de Madrid a acquitté ou seulement condamné à la prison une trentaine

6.

de coquins que Belliard a fait arrêter. Il faut nommer une commission militaire pour les juger de nouveau et faire fusiller les coupables. Donnez l'ordre sur-le-champ que les membres de l'inquisition et ceux du conseil de Castille qui sont détenus à la Porcelaine soient transférés à Bayonne, ainsi que les cent coquins que Belliard a fait arrêter. Les cinq sixièmes de Madrid sont bons, mais les honnêtes gens ont besoin d'être encouragés, et ce ne peut être qu'en les protégeant contre la canaille. Ici, ils ont fait l'impossible pour obtenir la grâce des bandits qui ont été condamnés.

J'ai refusé, j'ai fait pendre et j'ai su depuis qu'au fond du cœur, on avait été bien aise de ne pas avoir été écouté. Je crois nécessaire que votre gouvernement, dans les premiers moments surtout, montre un peu de vigueur contre la canaille. La canaille n'aime et n'estime que ceux qu'elle craint, et la crainte de la canaille peut seule vous faire aimer et estimer de la nation, etc.

Surtout, ne vous laissez pas manquer d'argent et, s'il le faut, exigez des emprunts des villes, des corporations et des provinces. Il y a beaucoup d'argent en Espagne; ils en trouvaient bien pour leur révolte. Si ma présence devenait nécessaire ici, je suis porté à penser que je pourrais être de retour pour le 20 février et que je pourrais encore passer ici le mois de mars et d'avril. Vous savez que je n'aime pas habiter dans les villes. Donnez ordre qu'on me garde Chamartin pour moi, tant la maison que j'habitais que l'autre qui est en face. Qu'on y mette des gardes et des concierges, afin que je puisse y descendre à mon retour.

Le lendemain du jour où l'Empereur envoyait cette lettre, il en écrivait une autre relative à la guerre contre l'Autriche et modifiait ses projets de retour en Espagne.

NAPOLÉON A JOSEPH.

Valladolid, le 17 janvier 1809.

Mon frère, la guerre avec l'Autriche paraît imminente et déjà les troupes de cette puissance sont campées sur les frontières. Mes troupes et celles de la confédération sont aussi en mouvement. Je vous ai demandé le général Merlin ou le général Lassalle. Renvoyez-moi aussi Bordesoult. Si absolument vous n'avez pas besoin de Belliard, renvoyez-le à Paris et donnez le commandement de Madrid à un des deux généraux Putaud ou Pacthod. Cependant, je pense que le général Belliard, ayant une grande habitude de Madrid, c'est une sottise de s'en priver encore. Il n'est pas assez précieux à l'armée pour que je ne puisse pas m'en passer.

Renvoyez-moi les cadres des 3ᵒˢ escadrons des 24 régiments de dragons qui sont en Espagne, en prenant tous les hommes disponibles pour remplacer les deux premiers escadrons. Je désire que vous me renvoyiez les généraux de brigade de cavalerie Bron, Lagrange et Davenay et les généraux d'infanterie Gautier, Pouget et Roger; le général de division Grandjean, qui est devant Saragosse, et les généraux de brigade Brun et Razout. Ces trois derniers étant devant Saragosse, je leur ai donné directement l'ordre de revenir. J'ai également donné l'ordre au duc d'Istrie de revenir. Il sera remplacé par le général de division Kellermann.

Le lendemain 18 janvier 1809, à six heures du matin, Napoléon écrit à Joseph une longue lettre insérée aux *Mémoires*, omise à la *Correspondance*, malgré son importance. Il prévient son frère qu'il va monter à cheval pour quitter l'Espagne. Il lui prescrit de faire mettre dans les journaux les discours qui lui ont été tenus par la commission, et, revenant sur les accusés acquittés, il lui dit :

J'ai tancé les alcades de ce qu'ils n'ont pas condamné à mort les garnements qu'on avait arrêtés. Ils se sont justifiés en me disant qu'il leur fallait je ne sais plus quelle permission du roi. Il faut dire ce qui est nécessaire pour faire réussir le procès et faire de grands exemples. Du côté de Las Rosas, on commet de grands brigandages. Si près de Madrid, vous ne pouvez le souffrir. Il faut mettre à la poursuite des coupables deux ou trois colonnes de 50 hommes chacune et un détachement de cavalerie. Les villes de Toro et de Zamora ayant été prises les armes à la main, j'ai mis sur ces deux provinces une contribution de 5oo,ooo francs, sur l'une, et de 1 million sur l'autre. Cela servira à solder l'armée de Galicie. On a confisqué les marchandises coloniales et toutes ce les provenant des manufactures anglaises. C'est une mesure générale qu'on a prise à Leipsick, à Hambourg et partout. J'ai ici pour 1 million d'argenterie dans la caisse de ma maison, et pour 1,5oo,ooo dans le couvent de Saint-Dominique que j'ai supprimé. Cet argent servira à payer la solde, et j'ai ordonné qu'il fût converti en espèces; mais il serait convenable qu'il fût frappé à votre coin. Donnez l'ordre que le coin soit fait, et que, sur-le-champ, à la monnaie de Madrid, on batte 1 million à votre compte, etc. Si, par la suite, votre monnaie est ainsi mise en circulation, je préférerais envoyer en Espagne des lingots pour solder la solde. Ce sera autant de battu à votre coin, ce qui est toujours d'un bon effet politique.

NAPOLÉON A JOSEPH.

Paris, le 24 janvier 1809.

Mon frère, je vous envoie une lettre de M. Champagny, où vous verrez des détails relatifs aux affaires d'Espagne. Je suis arrivé ici bien portant, le 23, à 8 heures du matin. Tout va ici fort bien.

NAPOLÉON A JOSEPH.

Paris, le 28 janvier 1809.

Mon frère, j'ai reçu vos lettres du 15 et du 16. Je vous prie de numéroter désormais vos lettres; ainsi, la première que vous m'écrirez après avoir reçu celle-ci portera le n° 3. J'ordonne qu'on en fasse autant de mes lettres. Par ce moyen, on sera certain qu'il ne s'en perdra point. La suppression de votre apanage est une mesure générale. On en a fait la remarque, et je n'ai pas voulu qu'ils parussent dans les comptes. Vous ne devez avoir aucune inquiétude pour cela.

Napoléon à Joseph. Paris, le 7 février 1809. — Lettre tout entière aux *Mémoires*, omise à la *Correspondance*.

Mon frère, j'attends d'apprendre la prise de Saragosse pour parler à la reine de son départ.

Il veut que Joseph conserve à Belliard le gouver-

nement de Madrid et à Fréville la direction des affaires relatives aux biens des condamnés qu'il s'est
attribués.

Il est plus important, ajoute l'Empereur, de
détruire ces dix familles (1) que de chasser les
Bourbons, etc.

NAPOLÉON A JOSEPH.

Rambouillet, le 11 mars 1809.

Mon frère, j'ai lu un article de la *Gazette de
Madrid*, qui rend compte de la prise de Saragosse. On y fait l'éloge des brigands qui ont défendu cette ville, sans doute pour encourager
ceux de Séville et de Valence. Voilà, en vérité,

(1) Voici les noms des dix personnages Grands d'Espagne
dont les biens furent confisqués, en vertu d'un décret de
Napoléon en date du 9 décembre 1809 et dont il est ici question :

Le duc d'El Infantado, le duc de Hijar, le duc de Medina
Celi, le duc d'Ossuna, le marquis de Santa Cruz, le comte
de Fernand Nunes, le comte d'Altaviva, le prince de Cas-
telfranco, Don Pedro de Cevallos, ex-ministre d'État, l'évêque
de Santander. Tous les dix déclarés ennemis de la France et
de l'Espagne et traîtres à la couronne.

une singulière politique. Certainement, il n'y a pas un Français qui n'ait le plus grand mépris pour ceux qui ont défendu Saragosse. Ceux qui se permettent de pareils écarts sont plus dangereux que les insurgés. Je crois bien qu'Offarell ne l'a pas fait avec mauvaise intention; mais voilà deux fois que cela lui arrive. Dans une proclamation, il parle déjà de Saragosse, cela me paraît inconvenant.

NAPOLÉON A JOSEPH.

Paris, le 27 mars 1809.

Mon frère, la guerre paraît imminente. J'ai fait partir mes équipages. Un de mes courriers a été arrêté à Brannau, par la police autrichienne. Je désire avoir le général Lassalle. Les généraux de cavalerie, en Espagne, ont besoin de peu d'habitudes. Remplacez ce général comme vous voudrez et envoyez-le moi sans délai.

Dans une lettre à son frère Joseph, en date du
27 mars 1809, de Paris, Napoléon lui parle d'une
gazette espagnole rédigée en français, qu'il désapprouve et qu'il veut que l'on supprime. Après avoir
écrit à Joseph, il envoie à ce sujet un ordre à Clarke,
ministre de la guerre.

La lettre à Joseph est aux *Mémoires* et omise à la
Correspondance, ainsi que l'ordre à Clarke, que
voici :

Monsieur le général Clarke, il paraît à Madrid un *Courrier d'Espagne* rédigé en français
par des intrigants, et qui peut être du plus mauvais effet. Écrivez au maréchal Jourdan pour
qu'il n'y ait aucun journal français en Espagne
et qu'on ait à supprimer celui-là. Mon intention
est de ne souffrir, partout où sont mes troupes,
aucun journal, français à moins qu'il ne soit publié par mes ordres. Dailleurs, les Français ne
reçoivent-ils pas les gazettes de France? Quant
aux Espagnols, on doit leur parler leur langue.
Il faut que votre lettre à ce sujet soit un ordre
positif.

NAPOLÉON A JOSEPH.

Paris, le 12 avril 1809.

Mon frère, il paraît que les Anglais n'ont pas pu entrer à Cadix et que depuis, le 15 mars, ils ont réoccupé Lisbonne avec 10 ou 12,000 hommes. Il est donc bien important de savoir ce qui s'est passé et se passera de ce côté.

Dans une lettre de Napoléon à Jérôme, en date du 23 octobre 1808, le nom du comte de Fursteinstein, auquel l'Empereur refuse le grand cordon de la Légion d'honneur, a été supprimé. Ce comte de Fursteinstein, Français, nommé Le Camus, était un des favoris de Jérôme, qui l'avait créé son ministre d'État, comte de Westphalie, et lui avait donné une terre de 400,000 francs, au grand mécontentement de Napoléon. Quelques mois plus tard, le 16 novembre 1809, à propos de l'anniversaire de son jour de naissance, Jérôme renouvela sa demande du grand cordon de la Légion d'honneur pour ce M. Le Camus, et Napoléon se laissa aller à accorder à cet

individu la plus haute dignité, pour être agréable à
son jeune frère.

NAPOLÉON A JÉROME.

15 février 1809.

Mon frère, les Etats de la confédération du
Rhin ne sont point tranquilles. Ils ne cessent
d'être agités par leurs plus riches propriétaires,
restés dans les rangs de l'Autriche et dévoués à
cette puissance, qui, sous quelques dehors
qu'elle s'efforce de cacher ses sentiments, n'en
peut pas moins être regardée comme l'ennemie
de la confédération, et aujourd'hui sa seule
ennemie. Ces hommes qui ont des intérêts opposés à ceux de la confédération lui nuisent de
plusieurs manières. Leur influence répand dans
son sein une inquiétude sourde, égare ou cor-
rompt l'esprit public, et sème partout des germes
de divisions et de troubles. En second lieu, ils
excitent et fomentent à Vienne un esprit de
guerre contre nous. Enfin, ils fournissent à l'Au-

triche des moyens de prospérité enlevés aux États de la confédération, dont ils tirent le revenu le plus clair, pour le consommer à Vienne. Les États confédérés ont tous un intérêt aussi évident que pressant à faire cesser ce mal, et la France, unie à la confédération par tant de liens, n'y est pas moins intéressée. Je désire donc que *Votre Altesse* (*sic*) et, à son exemple et sur son imitation, les grands-ducs et princes confédérés rendent une ordonnance pour obliger tous ceux qui ont des propriétés dans leurs États, et qui sont au service de toute puissance étrangère à la confédération, à rentrer dans leur patrie dans un espace de trois mois. Si, dans les trente jours qui suivront la publication de l'ordonnance, les individus ainsi rappelés n'ont point fait connaître qu'ils sont dans l'intention de rentrer, le séquestre sera mis sur leurs biens et ces biens seront confisqués, si, à l'expiration des trois mois, ils ne sont point en effet rentrés. Je ne doute pas que *Votre Altesse* (*sic*), et les grands-ducs et princes confédérés ne se portent volontiers, et même avec empressement, à rendre une telle ordonnance par la considération du salutaire effet qu'elle doit nécessairement produire.

Cette ordonnance peut être motivée par des dispositions de l'acte de confédération qui sont précises, car, outre qu'en vertu de l'article 31, les princes et comtes ayant cessé de régner sont, ainsi que leurs héritiers, astreints à ne résider que dans le territoire de la confédération ou de ses alliés, les princes confédérés ne peuvent, d'après l'article 7, prendre du service d'aucun genre, chez aucune puissance étrangère à la confédération, et les sujets ne sauraient avoir, à cet égard, une liberté que n'ont pas les souverains eux-mêmes. L'ordonnance peut être aussi motivée par l'intérêt de l'État qui est ici manifeste.

Le dix-neuvième volume de la *Correspondance* embrasse la période du 14 mai au 15 octobre 1809, du numéro 15204 à 15955, c'est-à-dire 751 documents contenus, avec les tables analytiques, dans 91 feuilles ou 739 pages. Pendant cette période, l'Empereur écrivit rarement à son frère Joseph, auquel il fit donner ses ordres par son major-général et son ministre de la guerre. Une seule lettre de trois lignes, en date de Schœnbrunn, 2 septembre 1809, n'a pas trouvé place à la *Correspondance*. La voici : « Mon frère, j'ai reçu la lettre que vous m'avez écrite pour ma fête et vous remercie de ce que vous me dites à cette occasion. » Mais Napoléon écrivit à Jérôme un assez grand nombre de lettres, dont plusieurs ont été omises; nous les rétablissons ici.

Dans celle du 9 juin 1809, écrite de Schœnbrunn, à la suite de cette phrase : « L'expérience vous apprendra la différence qu'il y a des bruits que l'ennemi répand à la réalité, » on a supprimé : « Et ce qu'on peut faire de pire, c'est de donner l'alarme en se montrant pressé en faisant de faux mouvements. »

Dans une autre, également de Napoléon à Jérôme, en date du 12 juin, on a omis :

Je n'ai point de confiance dans vos généraux tels qu'un général d'Albignac qui ne s'est pas battu et qui n'a pas servi dans nos rangs.

Et plus loin :

Je vous réitère l'ordre de faire partir sans

délai mon régiment du grand-duché de Berg, pour Hanau. Je suis fâché de vous réitérer deux fois les mêmes ordres. Faites également filer tout ce qui appartiendrait au 4ᵉ escadron de chasseurs du grand-duché de Berg.

Napoléon a Jérome.

Schœnbrunn, le 17 juillet 1809.

Mon frère, le major-général m'a mis sous les yeux votre lettre du 7 juillet. Je ne puis que vous répéter que les troupes que vous commandez doivent être toutes réunies à Dresde. Il n'y a à la guerre ni frère de l'Empereur, ni roi de Westphalie, mais un général qui commande un corps.

Dans les 18,000 hommes dont vous faites le compte, vous ne comprenez pas la brigade Laroche, qui est d'un millier de dragons. Vous pouvez y joindre, en outre, le 22ᵉ de ligne.

Pendant l'armistice, les Saxons peuvent se

7.

recruter d'un millier d'hommes et remonter leur cavalerie.

Vous pouvez attirer à vous tous les Hollandais, de sorte que vous puissiez vous présenter à l'ouverture des hostilités avec 25,000 hommes, sur les frontières de la Bohême, ce qui obligera l'ennemi à vous opposer une pareille force, et, comme le théâtre de la guerre sera nécessairement porté de ce côté, nous serons bientôt en mesure de vous joindre par notre gauche ou par notre droite.

Lorsque cette lettre parvint au jeune roi, il avait déjà évacué Dresde, ce qui contrariait les plans de Napoléon et le mécontenta d'une façon sérieuse. Il fit écrire par le duc de Cadore, son ministre des affaires étrangères, à M. le baron Reinhard, ambassadeur de France à Cassel, pour lui enjoindre de faire des remontrances aux personnes de l'entourage de Jérôme.

Voici la lettre envoyée à ce sujet à Reinhard, elle nous a paru de nature à trouver place ici ; elle est datée du 29 juillet 1809 :

Monsieur, Sa Majesté m'avait chargé de vous

faire connaître combien elle avait été affligée du résultat de l'expédition du 10ᵉ corps d'armée en Saxe et en Franconie. Elle me charge encore de vous écrire une seconde fois sur ce sujet. Si des fautes ont été commises, si le résultat n'a pas été, comme l'Empereur l'avait espéré, d'accroître la réputation militaire de son auguste frère, l'Empereur pense que c'est moins le tort de Sa Majesté Westphalienne, dont la jeunesse ne peut faire supposer une grande expérience, que celui des personnes à qui elle avait accordé sa confiance. L'Empereur veut donc que vous parliez à M. le comte de Fursteinstein, à M. le général Rewbell et à M. le général d'Albignac, et que vous leur fassiez entendre que, s'ils ne veulent point être l'objet du mécontentemen et de la sévérité de Sa Majesté, ils doivent s'attacher à ce que l'influence qu'ils exercent ait pour résultat d'amener dans la marche des affaires, soit militaires, soit civiles, le sérieux et la suite qu'elles exigent, et d'en éloigner ces vacillations qui discréditent un gouvernement.

L'abandon de la Saxe et de Dresde, le retour à Cassel, lorsque l'objet de la campagne n'était pas rempli, le cortège du corps diplomatique à une armée où l'Empereur ne veut que des soldats, sont des choses que l'Empereur désapprouve. Ce serait une mesure qui nous affligerait tous, que l'Empereur remît en d'autres mains le commandement de ce corps d'armée. Que tous ceux qui sont les amis du Roi et qui lui sont sincèrement attachés se réunissent donc pour prévenir ce malheur et concourent à donner aux affaires, et surtout aux opérations militaires, une direction plus ferme. Vous savez que pour l'Empereur tout est dans la gloire militaire, et tout ce qui pourra porter la plus légère atteinte à celle des vrais Français, plus que toute autre chose, atteindrait vivement Sa Majesté.

L'abandon de Dresde fit ôter au roi de Westphalie le commandement du 10ᵉ corps d'armée et motiva la lettre ci-dessous, de Napoléonshohe, du 25 août 1809, écrite par Jérôme à l'Empereur :

Sire, le major-général, par sa lettre du 13, me fait connaître l'ordre de Votre Majesté du 11, qui forme un 8e corps aux ordres du duc d'Abrantès et m'ôte le commandement de la Saxe et des troupes saxonnes.

Votre Majesté a voulu par là m'ôter réellement tout commandement militaire; car 6,000 recrues westphaliennes et quelques dépôts qui se trouvent dans la place de Magdebourg, etc., ne sont pas susceptibles de me mettre à même de faire la guerre activement et même de défendre Magdebourg, que les Prussiens ne manqueraient pas d'attaquer, si les hostilités commençaient, car ils y ont beaucoup d'intelligences.

Il ne me reste donc que le chagrin de ne pouvoir prendre part à la guerre, si elle a lieu.

Je joins ici une lettre originale de M. Stadion au duc de Brunswick avec sa traduction, ainsi que deux lettres de ce dernier, adressées, l'une à l'Empereur d'Autriche, et l'autre à M. de Stadion.

Napoléon au ministre des affaires étrangères.

Shœnbrunn, 20 août 1809.

Monsieur de Champigny, je vous renvoie toutes les lettres relatives aux affaires de la Westphalie. Je les ai lues avec attention et intérêt. Faites connaître à M. Reinhard que je suis garant de la constitution du royaume de Westphalie et que, si le roi emploie plus pour sa liste civile qu'il ne lui appartient, j'en rendrai responsables les ministres des finances et du trésor public.

Vingtième volume de la *Correspondance*. — Du 16 octobre 1809 au 31 juillet 1811. 786 documents, du numéro 15956 au numéro 16742. 89 feuilles, 709 pages.

Pièces omises :

NAPOLÉON AU MINISTRE DE LA GUERRE.

Fontainebleau, 7 novembre 1809.

Monsieur le général Clarke, je crois nécessaire que vous ordonniez au général Saint-Cyr (1) de garder les arrêts dans sa campagne, jusqu'à ce qu'il ait fait connaître les motifs qui l'ont obligé à quitter l'armée sans l'ordre du ministre. Une raison de maladie n'est pas une raison admissible pour les généraux comme pour les soldats, il résulterait de là qu'avec un certificat de chirurgien, on serait autorisé à abandonner l'armée.

J'attends le rapport qu'il vous fera pour prendre un parti.

Vous lui demanderez également un rapport qui fasse connaître pourquoi il a laissé ravitailler la place de Gironne.

(1) Saint-Cyr, dégoûté de l'Espagne, était rentré de Catalogne en France sans autorisation.

NAPOLÉON A JOSEPH.

Fontainebleau, le 11 novembre 1809.

Mon frère, je vous renvoie Tascher (1). On ne reçoit plus de nouvelles de ce qui se fait en Espagne, cependant, avec une armée si nombreuse et avec des ennemis si peu redoutables devant soi, comment est-il possible qu'on n'avance pas plus les affaires?

NAPOLÉON A JOSEPH.

Trianon, le 17 décembre 1809.

Monsieur mon frère, j'envoie à Votre Majesté le *Moniteur* qui lui fera connaître le parti que j'ai cru devoir prendre (2). J'ai reçu sa lettre du

(1) Le comte Tascher de la Pagerie, parent de l'impératrice Joséphine, grand maître de la maison de l'impératrice Eugénie sous le second Empire.
(2) Son mariage avec Marie-Louise.

4 décembre par l'aide de camp qu'elle m'a expédié.

De Votre Majesté, le bien affectionné frère.

P.-S. — Je ne sais ce que vous entendez par des bruits répandus. Si des sots répandent des bruits qui compromettent la tranquillité publique, faites-les arrêter.

NAPOLÉON A BERTHIER.

Trianon, le 19 décembre 1809.

Mon cousin, faites connaître au duc de Dalmatie que j'apprends avec indignation qu'une partie des prisonniers faits à la bataille d'Ocâna avaient été relâchés, et même qu'on avait remis les armes à la main à plusieurs; que quand je vois une pareille conduite, je me demande : est-ce trahison ou imbécillité? N'y a-t-il donc que le sang français qui doit couler sans regret et sans vengeance en Espagne?

NAPOLÉON AU MINISTRE DES RELATIONS EXTÉRIEURES.

Paris, 9 décembre 1809.

Écrivez au général Thureau que je l'autorise à donner tous les fonds dont Mlle Paterson pourrait avoir besoin pour sa subsistance, me réservant de régler son sort incessamment ; que, du reste, je ne porte aucun autre intérêt en cela que celui que m'inspire cette jeune personne, mais que, si elle se conduisait assez mal pour épouser un Anglais, alors mon intérêt pour ce qui la concerne cesserait, et que je considérerais qu'elle a renoncé aux sentiments qu'elle a exprimés dans sa lettre et qui seuls m'avaient intéressé à sa situation.

Dans une lettre en date du 25 janvier 1810, Joseph nomme les généraux Loison, Kellermann, Thibaud ; dans une autre en date du 2 mars 1810, il écrit : « Kellermann, Ney, Thibaud sont des gens qui ruineront le pays qu'ils doivent administrer, en pure perte, etc. » Enfin, il fait connaître que le général Belliard à Madrid exigeait du corrégidor dix mille francs par mois pour frais de table et le général Lariboisière huit mille pour être traité comme à Berlin (1), et qu'un troisième, non seulement envoyait dans ses propriétés en France des troupeaux de mérinos, mais les faisait escorter par des soldats devenus des bergers (2).

(1) Dans une lettre de Joseph à Napoléon, en date du 18 janvier 1809, on lit le passage suivant, omis aux *Mémoires* :

« J'envoie au maréchal Bessières, pour être employé dans un commandement où il puisse vivre comme un autre officier, le général Lariboisière, qui exigeait 10,000 francs par mois, en sus de ses appointements, pour vivre à Madrid, et qui a eu la sottise de frapper à toutes les portes pour cela. Voici la lettre qu'il a écrite pour cela au corrégidor. Je l'ai remplacé par le général de brigade Blondeau, qui sera plus modeste. »

(2) Le 23 juin 1809, Joseph, dans une longue lettre, dit à Napoléon :

« Votre Majesté ne se doute pas que, depuis plus d'un mois, je fais poursuivre dans les montagnes, sur les frontières de la Castille et de l'Estramadure, par des détachements, des troupeaux de 7 à 8,000 mérinos conduits par nos soldats du 1ᵉʳ corps d'armée, devenus bergers pour le compte de quelques généraux, qui les dérobent ainsi à leurs drapeaux, et les mérinos à leurs propriétaires. »

NAPOLÉON A BERTHIER.

Paris, 15 décembre 1810.

Mon cousin, comment arrive-t-il que la gendarmerie de Santander, de la Biscaye et de
l'Aragon n'est pas payée? Écrivez au général
Cafarelli, pour la Biscaye et Santander, et au
général Suchet, pour l'Aragon, de prendre sur-
le-champ des mesures pour faire sur-le-champ
solder cette troupe. Les gendarmes doivent être
payés avant tout.

NAPOLÉON A BERTHIER.

Paris, le 9 mars 1811.

Mon cousin, écrivez au roi d'Espagne que
son aide de camp, Clermont-Tonnerre (1),

(1) Le duc de Clermont-Tonnerre, alors colonel, plus tard
général de division et un des meilleurs ministres de la guerre
sous la Restauration, injustement attaqué dans les mémoires
posthumes et calomnieux de Marmont.

m'avait apporté des nouvelles avantageuses de
ce qui se passait à Valence ; qu'il est fâcheux
qu'elles ne soient pas confirmées ; que cependant, il paraît, par les derniers rapports, qu'il
y a beaucoup d'agitation dans les partis qui
divisent cette ville ; que le général Suchet demande 3o,ooo hommes et 4o bouches à feu
pour soumettre cette place ; mais que, dans ce
ce moment, le point important est Tarragone ;
qu'il faut prendre cette place avant tout.

NAPOLÉON A BERTHIER.

Paris, 9 mars 1811.

Mon cousin, écrivez au roi d'Espagne que le
général Lahoussaye a très mal fait de se mettre
en communication avec le duc de Dalmatie ;
que nous n'avons point de nouvelles de l'armée
du Midi ; que nous savons seulement, par les
journaux anglais, que le 25 janvier Ballesteros
a été entièrement défait par le général Gazan,

que ce n'est pas sur Cuença qu'il fallait envoyer des troupes, mais du côté du Portugal où se décident les plus grandes affaires.

NAPOLÉON A JOSEPH.

Trianon, le 14 janvier 1811.

Mon frère, je reçois votre lettre que m'apporte votre aide de camp Cassano. Je vous remercie de ce que vous me dites à l'occasion de la nouvelle année.

Le duc de Dalmatie doit porter le titre de chef d'état-major de l'armée d'Espagne. C'était, je crois, le titre qu'avait le maréchal Jourdan lorsque j'étais en Espagne.

Décret du 8 février 1810 :

Considérant que les sommes énormes que nous coûte notre armée d'Espagne appauvrissent notre trésor et obligent nos peuples à des

sacrifices qu'ils ne peuvent plus supporter, considérant d'ailleurs que l'administration espagnole est sans énergie et nulle dans plusieurs
provinces, ce qui empêche de tirer parti des
ressources du pays et les laisse au contraire
tourner au profit des insurgés :

Nous avons décrété et décrétons ce qui suit.

Ce décret divisait l'Espagne en quatre gouvernements, ceux de Catalogne, d'Aragon, de la Biscaye,
de la Navarre, gouvernements placés sous le commandement de quatre chefs militaires français, ce
qui enlevait de fait au roi Joseph la majeure partie
de son autorité et mettait les provinces sous les
coups de maréchaux et de généraux dont plusieurs
ne tardèrent pas à s'attribuer les impôts et à ruiner
l'Espagne à leur profit.

Ce décret a été omis à la *Correspondance* et analysé
seulement dans le livre IX des *Mémoires de Joseph*.
Ce fut l'acte émané de Napoléon sur les affaires
d'Espagne qui fit le plus de tort à ce malheureux
pays et aliéna le plus d'esprits à Joseph.

Le roi, au désespoir de la mesure qui lui enlevait
la majeure partie du pouvoir et le mettait pour ainsi
dire à la merci des généraux envoyés de France,

songea dès lors à abdiquer et à se retirer dans sa terre de Mortefontaine, près de Senlis. S'il n'exécuta pas ce projet, ce fut uniquement pour ne pas donner un désaveu retentissant à la politique de son frère.

Voici une lettre de Napoléon à son ministre de la guerre, faisant connaître l'importance que l'Empereur attachait aux états de situation de son armée.

Paris, 18 janvier 1810.

Monsieur le duc de Feltre, le corps d'observation de Hollande n'existe plus, il faut porter dans le livret des divisions militaires les troupes qui se trouvent 17ᵉ et 31ᵉ divisions. Je désire que les états des armées de Naples, d'Italie et d'Illyrie soient compris dans les mêmes livrets, ainsi que le camp de Boulogne qui sera placé dans la 16ᵉ division, en distinguant les troupes qui sont composées de celles qui ne le sont pas; ainsi, pour avoir l'état général de la situation de mes troupes, je n'aurai que le livret des divisions militaires, le livret des armées d'Espagne et de Portugal, le livret d'Allemagne, le livret d'artillerie et du génie et le livret des régiments par ordre numérique. Faites-moi faire une récapitulation de l'état de mes troupes au 1ᵉʳ janvier 1810, par division militaire, par armée et par corps. Faites-en ôter ce qui ne serait pas à la solde de la France, tel que les étrangers qui sont en Espagne et en Portugal, les Italiens, les Napolitains, etc. On mettra un article à part pour les étrangers qui sont payés par le trésor.

Écrivez au roi de Naples et au vice-roi de vous envoyer tous les mois des états de situation, afin que vous puissiez toujours me faire bien connaître la situation de mes troupes.

NAPOLÉON A CLARKE.

Paris, 10 février 1810.

Monsieur le duc de Feltre, il est convenable que vous fassiez connaître au roi d'Espagne, en chiffres, et par quadruplicata, que je vois avec la plus grande peine qu'il ait perdu deux mois

8

aussi importants que décembre et janvier, où
les Anglais étaient dans l'impuissance de rien
faire, et qu'il n'ait point profité de cette circonstance pour pacifier la Navarre, la Biscaye
et l'Aragon; qu'il demande sans cesse de l'argent; que l'argent est là et qu'il laisse, sans
raison, dévaster ces belles provinces par Mina;
que je lui ai donné plusieurs fois l'ordre de se
rendre à Valladolid, mais que la nonchalance
de la direction des affaires en Espagne est inconcevable.

Comment, en effet, n'a-t-il pas maintenu ses
communications, et comment, après avoir eu
connaissance du 29° bulletin, n'a-t-il pas senti
la nécessité d'être promptement en communication avec la France? Il n'y a pas un moment
à perdre : que le roi se rende à Valladolid, en
faisant occuper Madrid et Valence par son ex-
trémité gauche. Écrivez-lui que le temps perdu
est irrémédiable; que les affaires tourneront
mal si, promptement, il ne met plus d'activité
et de mouvement dans la direction des affaires;

qu'il est nécessaire d'occuper Valladolid, Salamanque, et de menacer le Portugal; que les Anglais paraissent se renforcer en Portugal et qu'ils
semblent avoir le double projet, ou de pousser
en Espagne, ou de partir du port de Lisbonne
pour faire une expédition de 25,000 hommes,
partie Anglais, partie Espagnols, sur un point
quelconque des côtes de France, pendant le
temps que la lutte sera engagée dans le Nord.

Que, pour empêcher l'exécution de ce projet,
il est nécessaire que l'armée d'Espagne soit toujours prête à prendre l'offensive et à menacer de
se porter sur Lisbonne et de conquérir le Portugal si les Anglais affaiblissaient leur armée
en Espagne. Il faut donc que le roi occupe Valladolid et Salamanque et qu'il remplisse le
triple but de tenir en échec l'armée anglaise,
d'avoir ses communications aussi promptes que
faciles avec la France, afin de savoir tout ce
qui s'y passe, et qu'il emploie le temps où les
Anglais ne feraient rien à pacifier la Biscaye et
la Navarre. Que cette instruction doit être con-

sidérée comme instruction générale pour toute la campagne ; qu'enfin, si la force des armées françaises restait oisive en Espagne et laissait les Anglais maîtres de faire des expéditions sur nos côtes, la tranquillité de la France serait compromise.

Il faut, je le repète, que le roi ait ses communications très rapides et très sûres et qu'il soit toujours en mesure de prendre l'offensive.

NAPOLÉON A BERTHIER.

Compiègne, 10 avril 1810.

Mon cousin, faites-moi un rapport sur ceux qui ont pris le chef de bande Mina, dans la Navarre, et sur l'avancement à leur donner. Veillez à ce que ce Mina soit passé par les armes le plus tôt possible, et, en cas que cela ait de l'inconvénient pour le pays, donnez ordre qu'il soit envoyé sous bonne et sûre garde à Tours, où il sera à la disposition du ministre de la police, comme prisonnier d'État et non comme prisonnier de guerre. Recommandez au général Dufour, gouverneur de la Navarre, de faire placer de la gendarmerie dans les vallées, afin que la communication entre la Navarre et la France ait lieu. Donnez ordre au général Kellermann, au duc d'Abrantès et au duc d'Elchingen de laisser partir pour rejoindre leurs corps tous les détachements qui appartiennent à la division de la confédération du Rhin et ceux qui font partie des 1⁰ʳ, 4⁰ et 5⁰ corps, qui se trouveraient dans l'arrondissement. Écrivez au ministre de la guerre dans le sens de la lettre du général Sénarmont et faites fournir les bouches à feu nécessaires pour le siège de Cadix.

Le vingt et unième volume de la *Correspondance* contient 791 documents, du numéro 16743 au numéro 17534, 88 feuilles, 706 pages. Il embrasse la période qui s'étend du 2 août 1810 au 31 mars 1811.

Pièces omises dans ce vingt et unième volume.

Napoléon a Jérome.

Fontainebleau, le 4 octobre 1810.

Mon frère, il me revient de tous côtés que mes troupes sont extrêmement mal en Westphalie. Elles sont sans solde, sans aucune douceur chez les habitants et on leur fait une diminution considérable dans leur ration. Pour Dieu, mettez donc un terme à cela.

Le roi répondit le 11 octobre une longue lettre, par laquelle il se disculpait des reproches de l'Empereur, demandant l'envoi en Westphalie d'un aide de camp ou d'une personne de confiance pour juger des choses et avouant seulement que sur les 750,000 francs mensuels de solde, il y en avait parfois 150,000 de non acquittés.

Napoléon a Berthier.

Fontainebleau, 30 octobre 1810.

Mon cousin, je vous envoie une lettre du ministre d'Espagne. Faites-moi connaître de quel droit le général Kellermann a changé la formule de l'administration civile et pourquoi il en arrête la marche des postes.

NAPOLÉON A BERTHIER.

Paris, 15 décembre 1810.

Mon cousin, faites-moi connaître s'il est vrai qu'on embarque à Saint-Sébastien des mérinos pour l'Amérique. Donnez l'ordre au général Thouvenot d'en défendre l'exportation et de les diriger sur la France. Donnez l'ordre au général commandant à Burgos de laisser passer l'évêque de Calahorra et de le reconnaître.

Depuis l'établissement par l'Empereur de grands gouvernements en Espagne, la plupart des maréchaux et généraux placés à la tête de ces gouvernements et des territoires s'étaient mis à lever des contributions non pour l'État, mais pour eux. Le roi Joseph, à plusieurs reprises, signala le fait à l'Empereur.

Le vingt-deuxième volume de la *Correspondance*

s'étend du 1er avril au 6 novembre 1811, du numéro 17535 au numéro 18244. 709 documents sont
contenus dans 698 pages ou 88 feuilles.

Pièces omises :

Les lettres de Napoléon à Joseph, du 20 mars 1821
au 1er janvier 1814, manquent presque complètement.
A peine quelques-unes, en minute, ont-elles été trou-
vées dans les archives des ministères ; les originaux
et les copies légués par le roi Joseph, à sa mort, à
son exécuteur testamentaire, Louis Mailliard, enfouis
par ce dernier en 1815, à Prangins, n'ont pas été
retrouvés.

Quatre lettres seulement sont à la *Correspondance*
dans ce vingt-deuxième volume ; une cinquième insi-
gnifiante, en date du 25 août, écrite en remerciement
de compliments pour la fête du 25 août, n'a pas été
insérée. L'Empereur, qui traitait volontiers les affaires
d'Espagne par l'entremise de son ministre de la
guerre et du major-général, et qui semblait éviter de
correspondre directement avec son frère, depuis
l'établissement des gouvernements, a écrit un grand
nombre de lettres relatives au royaume. Plusieurs,
d'une certaine importance, n'ayant pas trouvé place
dans ce volume, nous allons combler cette lacune.

NAPOLÉON A BERTHIER.

Saint-Cloud, 21 avril 1811.

Mon cousin, écrivez au général Reille pour lui témoigner mon mécontentement du peu d'énergie qu'il met dans le gouvernement de la Navarre; qu'il ne prend aucune mesure; qu'il a dans la main tous les moyens de rétablir les affaires dans cette province.

NAPOLÉON A BERTHIER.

Saint-Cloud, 20 mai 1811.

Mon cousin, renvoyez au général Suchet son aide de camp Ricard, avec l'ordre de se porter sur Tarragone. Faites-lui comprendre la nécessité de laisser la brigade Klopiski pour défendre le pays du côté de la Navarre. Vous lui ferez connaître la victoire que le général Baraguey-d'Hilliers a remportée, le 3 de ce mois, sur Campoverde, qui, à la tête de douze mille hommes de ses meilleures troupes, a voulu introduire un convoi dans Figuières. Douze cents mulets qui formaient le convoi ont été pris. Cent officiers et deux mille hommes ont été faits prisonniers, et le reste tué ou dispersé dans tous les sens. Vous ferez connaître au général Suchet qu'il est malheureux que, tandis qu'il tient des forces dans les mains, il les laisse dormir, et qu'il n'ait pas profité de ces circonstances pour investir Tarragone.

NAPOLÉON A BERTHIER.

Caen, le 26 mai 1811.

Mon cousin, beaucoup de pères de famille sont dans les escadrons de gendarmerie qui sont en Espagne; on m'assure qu'on vous a envoyé l'état. Envoyez-le moi, afin que je voie si je puis en faire revenir une partie.

Cette lettre nous a paru avoir une importance relative, parce qu'elle montre à quels détails infimes l'Empereur savait descendre, au milieu de nombreuses occupations qu'entraînaient pour lui les plus graves affaires.

NAPOLÉON A BERTHIER.

Cherbourg, le 29 mai 1811.

Mon cousin, je vous envoie votre correspondance de Portugal. Faites connaître au duc de Raguse que j'ai nommé le général Maucune général de division. Répétez-lui qu'il est maître de renvoyer en France les généraux qui ne lui conviennent pas et d'organiser son armée de la manière qu'il jugera la plus convenable.

Ainsi, Napoléon, à cette époque, laissait à ses généraux en Espagne une latitude et des pouvoirs qu'il n'accordait pas au roi son frère; aussi, ce dernier, dégoûté du trône et des grandeurs, voulait-il renon cer à la couronne et aspirait-il à revenir en France sans fonctions. Il n'était retenu, comme nous l'avons dit plus haut, que par la crainte d'être nuisible à la cause de l'Empereur en quittant l'Espagne. Cela ressort de plusieurs lettres écrites à la reine Julie sa femme, lettres qui ont été omises aux *Mémoires* et qui ont une véritable importance historique.

En voici une, datée du 9 septembre 1810 :

Ma chère amie, j'ai reçu ta lettre du 20. J'attends toujours le résultat de tout ce que je t'ai écrit, ainsi qu'à l'Empereur, depuis le départ d'Almenara. D'une manière ou d'autres, les choses doivent changer. Elles ne peuvent rester longtemps dans l'état où elles se trouvent. Je fais ici une triste figure et j'en mériterais la honte si je permettais qu'elles se prolongeassent plus longtemps qu'il ne faut pour connaître la volonté de l'Empereur.

1° Roi d'Espagne, je ne puis l'être que tel que la Constitution de Bayonne m'a proclamé ;

2° Retiré de toutes les affaires publiques en France ou dans tout autre pays, il me convient de connaître, même sur cet article, la volonté de l'Empereur.

3°Retourner en France en conservant quelques prérogatives publiques; il faut que je sache quels seront mes devoirs et mes droits avant de prendre un parti. Je ne veux me décider qu'en pleine connaissance de cause. Je n'ai ni crainte, ni ambition, ni ressentiment; je sais que la politique fait tout, ainsi je pardonne tout; mais si, en m'enlevant le trône d'Espagne, on m'offre un nouvel état politique intérieur en France, je veux le connaître;

4° Je ne veux aucun trône étranger, je me réserve à me déterminer pour ma retraite absolue, si ce que l'on me propose en France ne me paraît pas convenable. Ce à quoi je suis bien déterminé aujourd'hui, c'est :

1° De ne pas rester ici sur le pied où je suis ;

2° De ne pas accepter un trône étranger;

3° De rendre mon existence en France compatible avec mon honneur et la volonté de l'Empereur et l'intérêt de la nation, si mon existence semi-politique peut encore lui être utile, sans cependant vouloir me mêler en rien d'administration d'aucun genre et vouloir jamais paraître à la cour.

Si ce que l'on propose ne me convient pas, retraite obscure et absolue; mais les demi-jours, les fausses positions ne sont dignes ni de mon nom, ni de mon âge, ni supportables avec mon esprit.

Je t'embrasse avec mes enfants et t'engage à être aussi contente que je le suis, moi, au milieu des contrariétés qui m'assiègent.

J'éprouve bien aujourd'hui que ce lait nourricier d'une bonne et vrai philosophie n'est pas aussi stérile qu'on veut bien le dire, car, content de moi, je le suis de tout et regarde en pitié toutes les passions étrangères qui s'agitent sans me blesser autour de moi.

Le 9 octobre, un mois plus tard, Joseph écrivait encore à sa femme :

Depuis le décret funeste du 8 février, tout a changé de face dans ce pays. L'opinion est toute-puissante chez ce peuple, et l'opinion, aujourd'hui, est entièrement tournée contre nous. Il serait possible encore de remédier à tant de maux, si l'on fait ce que je demande par ma lettre à l'Empereur, dont était porteur Almenara, mais la moindre modification rend tout succès impossible, et je ne m'en chargerai pas. Dis ceci à l'Empereur, et qu'il pense bien qu'il a un plus grand lot de gloire et de responsabilité que moi à porter à la postérité.

Le 17 octobre, nouvelle lettre des plus importantes de Joseph à la reine :

Ma chère amie, je reçois tes lettres des 26 et 28. Je me porte bien. J'attends toujours des nouvelles de Paris. Les affaires d'Espagne ne peuvent bien finir pour nous que par ces deux moyens :

1° Fidélité absolue et entière dans la promesse, l'intégrité et l'indépendance, faite par moi à la nation et garantie par l'Empereur ;

2° Le commandement absolu et réel de toutes les troupes françaises réuni en mes mains, et il n'y a pas un moment à perdre, sans cela point de salut pour le génie du bien dans ce pays. L'avenir prouvera si j'avais raison.

L'avenir prouva, en effet, que l'honnête et philosophe roi Joseph avait raison, mais Napoléon avait déjà résolu l'annexion de la partie de l'Espagne allant des Pyrénées à l'Èbre. Tout ce que put écrire son frère ne modifia en rien la manière de voir du conquérant. Nous nous bornerons à ces trois lettres intimes. Celles que nous aurions pu citer encore sont toutes dans le même esprit de vérité. Revenons aux omissions du vingt-deuxième volume de la *Correspondance.*

NAPOLÉON A BERTHIER.

Alençon, le 1er juin 1811.

Mon cousin, je vous renvoie votre correspondance de Portugal et d'Espagne, afin que vous me présentiez les décrets pour la nomination des différents colonels en second, et l'emploi de ces colonels en second dans les différents régiments de l'armée d'Andalousie qui sont vacants. Vous pouvez communiquer *la plupart* de ces lettres au roi d'Espagne; elles prouveront combien est insensée l'assertion du roi et des Espagnols, qu'ils peuvent se passer des troupes françaises.

Jamais le roi Joseph n'avait dit ou écrit que l'Espagne pouvait se passer des troupes françaises, mais il pensait que, si elles étaient hors de sa main, la plupart de ceux qui les commandaient les utiliseraient à leur profit pour rançonner les provinces. C'est ce qui eut lieu et ce dont se rendirent coupables presque tous les gouverneurs.

NAPOLÉON A BERTHIER.

Saint-Cloud, le 14 juin 1811.

Mon cousin, je vois qu'il y a à Mequinenza, en Aragon, six mille outils. Pourquoi ne les fait-on pas venir à Madrid? Donnez-en l'ordre.

NAPOLÉON A BERTHIER.

Saint-Cloud, le 25 juin 1811.

Mon cousin, donnez ordre au duc d'Istrie et au commandant de l'armée du centre de donner des escortes convenables aux vingt mille mérinos qui m'appartiennent à Madrid et qui doivent être conduits en France.

NAPOLÉON A BERTHIER.

Trianon, le 17 juillet 1811.

Mon cousin, faites donner au maréchal Jourdan la somme nécessaire pour faire ses équipages et aller en Espagne, où il peut être utile; qu'il s'y rende sans délai. Mettez tout en règle pour que ce maréchal puisse partir le plus tôt possible.

Napoléon a Berthier.

Compiègne, le 11 septembre 1811.

Mon cousin, je vous renvoie les lettres du duc de Dalmatie et du général Dorsenne; donnez vous-même des ordres sur ces babioles. La prétention de faire payer des droits aux effets d'habillement du corps et des officiers est absurde; écrivez pour la faire cesser. Répondez au général Dorsenne qu'il aurait bien pu ne pas mettre l'intendant général et le receveur sur la même ligne; que le moyen de tirer parti de l'intendant général est de lui marquer de la considération et de le traiter convenablement; que le baron Dudon peut être fort utile, ne fût-ce que pour la répression des abus et des déprédations : que ce n'est donc pas entendre ses ntérêts que de se l'aliéner. Vous écrirez au sieur Dudon qu'un fonctionnaire ne donne pas sa démission; que, s'il a des plaintes à porter, il doit le faire, mais qu'on ne dit pas qu'on veut quitter le service, ce qui ne fait pas honneur et ne montre pas de connaissance de ses devoirs.

Napoléon a Clarcke, ministre de la guerre.

Anvers, le 3 octobre 1811.

Monsieur le duc de Feltre, je vous envoie les lettres du duc de Tarente. Donnez le commandement de l'armée de Catalogne au général Decaen.

Répondez au duc de Tarente qu'il ne doit correspondre en rien avec le roi d'Espagne, ni répondre à aucune lettre de ses ministres.

Vous donnerez la même instruction au général Decaen.

Une seule lettre, adressée par Napoléon au roi Jérôme, a été omise dans le volume XXII de la *Correspondance*; elle est datée de Trianon, le 25 août 1811, la voici :

Mon frère, je vous remercie de la lettre que

vous m'avez écrite pour mon anniversaire. Je reçois avec plaisir l'expression de vos sentiments. Vous ne doutez pas de l'amitié que je vous porte. Je vois avec plaisir que Madame Mère aille passer quelques jours avec vous.

Jérôme avait demandé à l'Empereur l'autorisation de recevoir sa mère à Cassel, car aucun membre de la famille de Napoléon ne se permettait un déplacement sans en avoir au préalable obtenu de lui l'autorisation.

Le volume XXIII de la *Correspondance* embrasse la période du 12 novembre 1811 au 30 juin 1812. Il a 86 feuilles, 686 pages et 535 documents, du numéro 18245 au numéro 18880.

Pièces omises :

NAPOLÉON A BERTHIER.

Saint-Cloud, le 20 novembre 1811.

Mon cousin, témoignez mon mécontentement au général Dorsenne de ce qu'il n'a pas fait relever les troupes de la division du géné-

9.

ral Vandermaesen à Soria et Aranda, de sorte que ces troupes n'ont pas pu rejoindre encore l'armée de Portugal. C'est vouloir perdre entièrement l'armée que de se conduire de cette manière.

NAPOLÉON A BERTHIER.

Paris, le 6 décembre 1811.

Mon cousin, suspendez de ses fonctions le colonel du 12ᵉ de dragons, employé à l'armée du Midi, dont l'incapacité a occasionné la perte d'un détachement dans les Arapiles; prévenez le ministre de la guerre, afin qu'il vienne rendre compte de sa conduite. Témoignez mon mécontentement au major Pillay, qui n'a pas attaqué la bande de Mina. Qu'il se rende à Bayonne, où on examinera sa conduite. Faites prendre auprès des généraux Thouvenot et Buquet les renseignements nécessaires. Donnez l'ordre qu'on habille promptement et que l'on garde à Bayonne les soldats italiens prisonniers de Mina, qui ont été jetés à la côte de Bilbao et délivrés ; que le général Monthyon en ait le plus grand soin.

Donnez l'ordre au général Thouvenot de faire solder les régiments de marche, placés en Biscaye, avec les fonds de cette province. Il faut faire distribuer du vin, en Biscaye, aux troupes ; il n'en manque pas en Espagne. Le soldat souffre et tombe malade, faute de bonne nourriture.

Dites au général Dorsenne que je vois avec étonnement que les magasins sont dégarnis. Jamais ils ne l'ont été autant. Le général Dorsenne paralyse tout en voulant tout centraliser. Cette méthode gêne tout en Biscaye et en Navarre ; il faut que ces envois partent sans délai de Bayonne.

Le général Bonnet doit employer tout ce qu'il tire des Asturies pour la solde et le bien-être de ses soldats. Beaucoup de contributions ont été levées ; il est nécessaire que désormais sa comptabilité soit tenue avec ordre. Écrivez au roi que les hussards hollandais sont libres d'entrer à son service; il faut les incorporer dans sa garde.

NAPOLÉON A BERTHIER.

Paris, 9 décembre 1811.

Mon cousin, j'ai trois divisions à donner au corps d'observation de l'Èbre, la 6ᵉ, la 8ᵉ et la 9ᵉ. La 6ᵉ et la 9ᵉ doivent être composées de troupes qui parlent allemand; la 8ᵉ sera composée de troupes françaises. Faites-moi connaître à qui je pourrais donner ces différents commandements. La 9ᵉ division sera composée de 8 bataillons suisses et du régiment d'Illyrie; cette division serait bien, je pense, sous les ordres du général Legrand. Ce général parle-t-il allemand? La 6ᵉ division serait bien, je pense, dans les mains du général Daëndels; la 8ᵉ serait bien dans les mains du général Ver-

dier. Les généraux duc de Padoue, Sébastiani, Belliard sont sans commandement; de-
mandez-leur ce qu'ils désirent. Veulent-ils servir
dans l'infanterie ou dans la cavalerie? Il faudrait aussi me chercher quelques généraux de
brigade, de ceux qui sont actuellement à Paris
et qui désirent de l'emploi.

Il y a le général Compère, qui est au service
de Naples; c'est un très bon général, on pourrait l'employer à l'armée. Il n'a rien à faire au
service de Naples.

NAPOLÉON A BERTHIER.

Paris, 15 décembre 1811.

Mon cousin, je désire rappeler en France le
général Montbrun. Faites-moi connaître à qui
l'on pourrait confier le commandement de la
cavalerie de l'armée de Portugal et quels sont
les généraux de cavalerie qui restent à cette
armée. Si je rappelle la garde, le général Chas-

tel reviendra. Faites-moi connaître les généraux qui, à son départ, pourraient commander la cavalerie de l'armée du Nord. Avant que j'approuve la rentrée en France du général Latour-Maubourg, faites-moi connaître quels sont les généraux de cavalerie qui restent à l'armée du Midi. Je vous ai déjà demandé quand la réserve de Bayonne pourra faire partir tout ce qui est nécessaire pour compléter les régiments qui sont aux différents régiments de marche. Mandez au duc de Raguse que 300 hommes, du 14e de chasseurs, au nombre desquels se trouve la compagnie d'élite, vont se rendre près de lui pour compléter ce régiment, qui se trouvera ainsi de 800 hommes au moins; qu'il ne doit pas considérer ce régiment comme uniquement attaché à la division Souham; qu'il est parfaitement le maître de le placer où il voudra; que je désire beaucoup apprendre que son artillerie est enfin organisée et qu'il a cent pièces de canon à son armée.

NAPOLÉON A BERTHIER.

Paris, le 31 décembre 1811.

Mon cousin, donnez ordre au duc de Dalmatie de renvoyer en France le général Girard et le général Briche.

Le général Girard, le plus jeune et un des plus brillants divisionnaires de l'armée, envoyé avec sa division et la brigade de cavalerie légère Briche, un peu à l'aventure, par le maréchal Soult, avait été surpris la nuit du 28 octobre 1811 par douze mille Anglais, à Cacerès, par suite de la négligence à se garder du général Briche, chargé de le couvrir. Le brave Girard s'ouvrit un passage à la baïonnette, ne laissant ni un canon, ni un drapeau, ni un prisonnier à l'ennemi et rallia l'armée d'Andalousie après la plus belle retraite devant un ennemi six fois plus nombreux. Le duc de Dalmatie, qui n'aimait pas le jeune général, dont le désintéressement faisait contraste avec sa rapacité et ses pillages en Andalousie, et qui d'ailleurs voulait pallier la faute qu'il avait faite en aventurant la division Girard, envoya sur l'affaire de Cacerès un rapport fulminant. L'Empereur, plein d'estime pour Girard et au fait de la conduite héroïque de cet officier, le fit revenir en France, lui donna le commandement d'une belle division polonaise à la grande armée et tança vertement le général Briche, qui fut disgracié.

NAPOLÉON A BERTHIER.

Paris, le 25 janvier 1812.

Mon cousin, je ne suis pas encore décidé à donner au général Caffarelli le commandement de l'armée du Nord; ajournez ce décret. Si le maréchal Suchet persiste à revenir et que cela soit indispensable pour sa santé, j'enverrai le général Caffarelli commander à Valence.

NAPOLÉON A BERTHIER.

Paris, le 18 février 1812.

Mon cousin, écrivez au baron Dudon qu'il a tort de s'immiscer dans les opérations militaires; que j'ai vu avec peine ses rapports sur cet objet; que cela ne le regarde pas; que tout ce qu'il devait faire était d'envoyer les journaux espagnols au général Dorsenne, sans se mêler de réflexions; qu'il a trop peu d'expérience du métier pour condamner ou approuver les généraux.

La mauvaise direction donnée aux différentes armées de la péninsule ibérique, le pillage auquel les maréchaux et généraux se livraient pour la plupart finirent par faire comprendre à l'Empereur que les observations de son frère étaient justes. Aussi, lorsqu'il vit la guerre avec la Russie prête à éclater, il résolut de rendre à Joseph l'autorité qu'il lui avait si malheureusement enlevée par le décret du 8 février 1810. Le 16 mars 1812, il lui fit écrire par Berthier et lui envoya par une estafette extraordinaire une lettre pour lui faire connaître que le commandement de toutes les armées en Espagne lui était confié.

Berthier dut en même temps faire connaître cette décision aux maréchaux Suchet, Soult, Marmont, ainsi que celle qui donnait les fonctions de major-général à Jourdan.

Les maréchaux devaient, dès le reçu de cet ordre,

obéir aux injonctions du roi Joseph, mais il était trop tard, le mal était difficile à réparer et il devint bientôt irréparable par la désobéissance des ducs de Raguse et de Dalmatie aux prescriptions de Joseph et de son major-général.

Marmont livra la bataille des Arapiles sans vouloir attendre les renforts que Joseph lui amenait, et fut battu. Soult, pour ne pas quitter la riche Andalousie, dont il avait fait une sorte de propriété particulière, alla jusqu'à accuser le roi de trahir l'Empereur, et bientôt il fallut évacuer l'Espagne. Or, le dévouement de Joseph était tel, que, le 23 mars, peu de jours avant de recevoir la lettre de Berthier lui rendant le commandement en chef, lettre qui lui fut remise le 31 du même mois par un aide de camp, le roi écrivait à la reine et lui disait :

Si la guerre avec la Russie n'a pas lieu et que l'Empereur me donne le commandement ou ne me le donne pas, je reste encore, tant qu'on n'exige de moi rien qui puisse faire croire que je consens au démembrement de la monarchie... Je mets autant mon honneur à ne pas quitter l'Espagne trop légèrement que je le mets à la quitter dès que, durant la guerre avec l'Angleterre, on exigera de moi des sacrifices que je ne puis et dois faire qu'à la paix générale, dans le but du bien de l'Espagne, de la France et de l'Europe.

Le 31 mars, le matin même du jour où il allait recevoir la lettre de Berthier lui donnant le commandement des armées, Joseph écrivait à ce dernier et lui disait : « L'armée du Midi a un arriéré de plus d'une année, l'armée de Portugal n'a rien gagné. L'indiscipline, le pillage, l'incendie, le viol signalent son passage dans les cantons qu'elle traverse. »

Cette armée était commandée par Marmont.

L'Empereur, prêt à quitter la France pour se mettre à la tête des armées pour la guerre contre la Russie, prévoyait tellement la nécessité où serait bientôt son frère de quitter l'Espagne qu'il voulut, avant de partir, organiser dans le nord de la péninsule une force capable de soutenir les armées de Portugal, du Centre et du Midi. Le 28 avril, il écrivit de Saint-Cloud au duc de Feltre, son ministre de la guerre, une lettre importante, omise à la *Correspondance*; la voici :

Monsieur le duc de Feltre, je ne vois aucun

changement à faire dans l'armée de Catalogne ; le général Decaen peut porter le titre de gouverneur de la Catalogne. Vous devez lui faire comprendre que le commandement supérieur du maréchal Suchet ne doit pas l'empêcher de correspondre avec vous et d'entreprendre ce qui sera nécessaire.

Que cette réunion a été ordonnée pour que *la masse des forces qui se trouvent de ce côté puisse, en cas d'événements majeurs, se diriger vers un même but.*

L'Empereur, pour les rois ses frères, n'était pas très tendre ni toujours juste, lorsque la question militaire ou politique était en jeu. Il voulait que ses troupes fussent entretenues en grande partie par les pays dans lesquels elles se trouvaient, et ces pays, il les pressurait, exigeant d'eux des impôts onéreux sous le nom de contribution de guerre, dotation ou autre appellation. Aussi, Louis avait-il cru devoir abandonner la couronne de Hollande, Joseph était prêt à agir de même en Espagne ; enfin Jérôme lui-même menaçait de descendre du trône, ce qui fit envoyer à M. le baron Reinhard, ambassadeur à Cassel, cet ordre de l'Empereur, daté du 1er février 1812 et qui a été omis à la *Correspondance*, ainsi qu'une note confidentielle en date du 12 du même mois de février 1812. Voici ces deux documents.

Sa Majesté désire que le ministre des relations extérieures écrive au baron Reinhard qu'Elle n'approuve pas la conduite qu'il a tenue, que, si le roi veut descendre du trône, il en est fort le maître; que Sa Majesté n'est pas embarrassée de gouverner des États; que c'est dans ce sens qu'il doit s'expliquer et que les menaces ridicules ne sont d'aucun effet. Il désapprouvera également l'insinuation qu'il a faite relativement aux 400,000 francs à employer pour nourrir les troupes françaises. Il est de principe que, partout où sont les troupes de l'Empereur, il faut qu'on les nourrisse. En Bavière, elles ont été nourries un an sans qu'il en ait rien coûté. Le baron Reinhard fera connaître que la grande armée est créée à dater de ce jour et qu'il faut que désormais les troupes de Sa Majesté trouvent partout ce qui leur est nécessaire, faute de quoi elles le prendront ; qu'au lieu d'avoir des régiments d'un si mauvais esprit et de tant de dépenses inutiles, on aurait bien mieux fait d'agir différemment. On entrera dans de grands détails pour bien faire comprendre au baron Reinhard qu'à dater du 1er février, sous le point de vue de l'administration, tout est changé, puisque la grande armée est créée et que, les troupes étant sur le pied de guerre, tout sera mené militairement.

Note confidentielle. — Sa Majesté Impériale et Royale voulant faire une chose agréable au roi de Westphalie, son auguste frère, a ordonné que ce qui reste dû par la Westphalie sur la solde des 12,500 hommes de troupes françaises qu'elle est chargée d'entretenir, montant pour 1811, après déduction faite de 450,000 francs que le trésor westphalien a payés à compte, à la somme de 2,499,761 fr. 88, soit payé par le trésor impérial jusqu'à concurrence de 2,494,745 fr. 05. Il reste, par conséquent, pour compléter la solde à payer par le gouvernement westphalien, une somme de 5,026 fr. 83, au prompt payement de laquelle le ministre de France est chargé de demander qu'il soit pourvu sans retard.

Le vingt-quatrième volume de la *Correspondance* commence au 1er juillet 1812, au numéro 1878, et se termine au 27 février 1813, numéro 19626. Il contient donc 748 documents, dans 752 pages, et a 95 feuilles.

Omissions.

Napoléon au duc de Feltre.

Moscou, le 12 septembre 1012.

Monsieur le duc de Feltre, je pense que l'homme le plus propre à commander l'armée du Portugal est le général de division Reille. S'il n'est depuis survenu aucun événement, je pense que vous feriez bien de lui donner le commandement de l'armée.

Le général Reille, un des aides de camp de l'Em-

pereur, alors en Espagne, plus tard maréchal de
France, reçut en effet le commandement et remplaça
le duc de Raguse, après la bataille de Salamanque.
L'Empereur avait reconnu la faute de Marmont, qui
avait livré cette bataille avant d'attendre, comme il
l'aurait pu, les renforts que lui annonçait le roi Joseph,
et n'avait agi que par ambition personnelle.

NAPOLÉON A CLARCKE.

Paris, le 24 décembre 1812.

Monsieur le duc de Feltre, je désire que vous
continuiez les mêmes rapports que vous avez
eus avec l'armée d'Espagne et que vous mettiez dans le *Moniteur* ce que vous jugerez
convenable

Après avoir connu par le colonel Desprez, aide de
camp de Joseph, la conduite du maréchal Soult, le
duc de Feltre n'osa enlever son commandement au
maréchal avant d'en avoir reçu l'autorisation de
l'Empereur, hésitant à le faire rentrer en France,
craignant ses intrigues à Paris. Napoléon, à son re-

tour de Russie, voulut faire revenir le duc de Dalmatie et donner son armée à Jourdan, mais, changeant ensuite d'avis, il le maintint en Espagne et, après la bataille de Vittoria, lui donna le commandement en chef de toutes les troupes en retraite de la péninsule, à la place de son frère Joseph, qui revint chez lui.

Au commencement de la campagne de Russie, en 1812, Napoléon confia 60,000 hommes (trois corps d'armée) à son jeune frère Jérôme. On a présumé, et il y a lieu de croire, que l'intention de l'Empereur, si la campagne avait une issue heureuse, était de rétablir le royaume de Pologne et d'en créer roi Jérôme et que, les dissensions intestines de ce malheureux pays l'ayant fait renoncer à ce projet, il chercha alors à enlever à son frère son magnifique commandement. Or, connaissant l'amour-propre du roi de Westphalie, il ne trouva rien de mieux que le faire se démettre lui-même.

C'est ce que peuvent laisser supposer les deux lettres ci-dessous, qu'il lui adressa et qui ont été omises en partie aux *Mémoires de Jérôme* et entièrement à la *Correspondance.* Les voici dans leur entier :

NAPOLÉON A JÉRÔME.

Milan, 4 juillet 1812.

Mon frère, j'ai reçu votre courrier parti de Grodno hier à quatre heures du soir. Son arrivée m'a été extrêmement agréable, espérant que vous auriez envoyé au major-général des nouvelles du corps de Bagration, de la direction qu'a prise le prince Poniatowski, pour le poursuivre, et des mouvements de la Wolhynie. Quel a été mon étonnement d'apprendre que le major-général n'avait reçu qu'une plainte contre un général ! Je ne puis que vous témoigner mon mécontentement du peu de renseignements que je tire de vous. Je ne sais ni le nombre des divisions de Bagration, ni leur nom, ni l'endroit où il était, ni le renseignement que vous avez pris à Grodno, ni ce que vous faites. J'ai cinq ou six colonnes en mouvement pour intercepter la route de Bagration.

Je ne suppose pas que vous ayez assez peu
fait votre devoir pour avoir négligé de le poursuivre dès le lendemain. J'espère que, du moins,
le prince Poniatowski l'aura poursuivi avec le
5e corps entier. Mes opérations sont arrêtées
par défaut de recevoir des renseignements de
Grodno. Je n'en ai pas de nouvelles depuis le 30.
Votre chef d'état-major n'écrit pas, le prince
Poniatowski n'écrit pas. Il est impossible de
faire la guerre ainsi. Vous ne vous occupez,
vous ne parlez que de babioles, et je vois avec
peine que tout est petitesse chez vous. Si le
général Vandamme a commis des brigandages,
vous avez bien fait de le renvoyer sur les derrières, mais cette question est tellement se-
condaire dans les circonstances actuelles que
je regrette que vous ne m'ayez pas envoyé
par votre courrier des renseignements qui me
seraient utiles, ni fait connaître votre position.

Je ne sais pas pourquoi le prince Poniatowski
ne correspond pas avec le major-général deux

fois par jour; je le lui avais cependant fait ordonner.

P..S. — Vous compromettez tout le succès
de la campagne de la droite. Il est impossible
de faire la guerre ainsi.

Ce post-scriptum est de la main de l'Empereur.

Napoléon a Jérome.

Vilna, 8 juillet 1812, 5 heures du matin.

Mon frère, il résulte des renseignements du
prince d'Eckmuhl que Platow, après avoir marché sur Iwié, faisait sa retraite le 6 au soir sur
Nikolaïew, que la cavalerie ennemie qui était
à Kamen paraissait également en retraite; que,
si vous aviez su les premières notions de ce
métier, vous auriez été le 3 au même lieu où vous
étiez le 6, et bien des événements, résultat des
calculs que j'avais faits, m'auraient fait faire une
belle campagne. Mais vous ne savez rien, et,
non seulement vous ne consultez personne,

mais vous vous laissez guider par de petits motifs. Croyez que tout est à jour. Je vous rendrai justice quand vous le mériterez. Mais, jusqu'à cette heure, je suis bien mécontent de tous les motifs qui vous dictent ces petites mesures. Tout porte à penser que Bagration se retire par Neswy. Cessez de tenir les ailes du prince Poniatowski et de Latour-Maubourg. Ce n'est pas seulement la cavalerie légère, qu'il faut donner à ce dernier, mais toute la cavalerie. Agissez vigoureusement et vivement et ne rougissez pas de consulter sur ce que vous ne savez pas. Élevez-vous à la hauteur des succès et du bien de l'armée et étouffez toutes ces petites vues secondaires.

NAPOLÉON AU DIRECTEUR DE L'ADMINISTRATION DE LA GUERRE.

Dresde, 9 juillet 1813.

Je reçois votre lettre du 5 juillet. Le roi d'Espagne a eu tort de prendre un arrêté; il n'a

10.

le droit de prendre en France ni arrêté, ni décret. Il pouvait, tout au plus, publier cela en forme d'ordre pour son armée; mais surtout il ne devait se mêler en rien de ce qui concerne la 11ᵉ division. Il n'a d'ordre à donner que pour ce qui regarde son armée. S'il avait donné ordre de distribuer les vivres de campagne à son armée, cela aurait été tout simple, mais, encore une fois, il ne devait pas se mêler de la 11ᵉ division. Vous devez donc considérer cet arrêté du roi comme non avenu et donner ordre que tout ce qui n'appartient pas à l'armée ne reçoive de vivres que comme à l'ordinaire. Qu'ont effectivement de commun avec l'armée du roi les troupes qui sont à Blaye ou à Bordeaux? J'approuve tous les principes qui sont contenus dans votre lettre. Vous ferez également connaître au duc de Dalmatie que sur le territoire de l'empire aucun général ne peut prendre d'arrêté. Il ne doit faire que des ordres d'armée qui, n'étant point insérés au *Bulletin des lois,* n'obligent point les citoyens et ne regardent que les individus faisant partie de l'armée. Comme je n'ai pas le temps d'écrire là-dessus au ministre de la guerre, communiquez-lui cette lettre, afin que cette forme d'ordres d'armée soit aussi celle que le vice-roi adopte pour les dispositions à prendre pour l'armée d'Italie.

Napoléon ayant prescrit en 1812 par un ordre *secret* au maréchal Davout, ennemi personnel du roi Jérôme, de prendre le commandement des troupes de ce prince dès que la réunion de son corps d'armée avec ceux de Jérôme serait effectuée, ce dernier, brusquement informé par le prince d'Essling, crut voir là l'intention de son frère de lui faire abandonner l'armée, et il se retira immédiatement avec ses gardes du corps et revint à Cassel. Longtemps, toute relation cessa de la part de Napoléon, qui ne répondit plus aux lettres de son frère.

Le volume XXV de la *Correspondance* commence au 1ᵉʳ mars et se termine au 31 juillet 1813. Il a 664 pages, 84 feuilles et 696 documents, de 19627 à 20323. Pendant cette période, les affaires d'Espagne et de Westphalie ayant été presque toutes (par ordre de l'Empereur) traitées avec ses frères par le canal du ministre de la guerre Clarcke et du major-général Berthier, peu de lettres furent écrites par Napoléon à Joseph et à Jérôme. Nous n'avons à relever qu'une seule omission relative à Jérôme. Le jeune roi, ayant écrit au prince de Neuchâtel pour le prier de demander pour lui un commandement à l'Empereur, et cette lettre ayant été mise sous les yeux du souverain, ce dernier écrivit le 31 juillet à son major-général une longue lettre omise à la *Correspondance* et que voici :

Mon cousin, répondez au roi de Westphalie que jamais il n'aura aucun commandement dans l'armée française, si :

1° Il ne fait connaître qu'il désapprouve la conduite qu'il a tenue l'année précédente en quittant l'armée sans ma permission, et qu'il en est fâché ; et

2° Si, en prenant du service dans mon armée, il ne se soumet à obéir à tous les maréchaux commandant des corps d'armée que je n'aurais pas spécialement mis sous ses ordres, ne devant avoir d'autre grade dans mon armée que le grade de général de division.

Que ce qui vient d'arriver en Espagne fait

connaître de plus en plus l'importance de tenir à ces principes que la guerre est un métier; qu'il faut l'apprendre, que le roi ne peut pas commander, puisqu'il n'a jamais vu de bataille; que le roi d'Espagne, à qui j'ai fait dans le temps de semblables observations, en est aux regrets et aux larmes de ne les avoir pas comprises. Vous ajouterez que, vu toutes les difficultés qui ont eu lieu pour la convention, j'ai pris le parti d'en faire l'objet d'un ordre du jour; qu'il m'a paru urgent de décider ainsi cette affaire, vu que déjà des détachements destinés pour Cassel étaient partis de Mayence.

Faites d'ailleurs remarquer au roi que j'ai pris un ordre au lieu d'un décret, parce qu'un ordre est un acte d'un général en chef, et que la Westphalie et le roi lui-même font partie de mon armée; que c'est par un ordre que j'ai réglé ce qui est relatif à Leipzig et qu'enfin c'est de cette manière sur tout le territoire allié. Vous trouverez ci-joint cet ordre. Sur ce, etc.

P.-S. — Cet ordre ne doit pas être publié.

Le roi Joseph, après la bataille de Vittoria
(21 juin 1813), fut remplacé par le duc de Dalmatie
dans le commandement des armées d'Espagne, et
Jérôme, ayant désobéi à Napoléon en revenant en
France, n'eut aucun commandement pendant cette
année 1813, à la fin de laquelle il fut contraint d'évacuer ses États.

Le vingt-sixième volume de la *Correspondance* embrasse la période du 1ᵉʳ août au 31 décembre 1813. Il
a 88 feuilles, 703 pages et 740 documents, du numéro 20324 au numéro 21064. Nous n'avons relevé
qu'une omission dans ce volume, qui ne contient
pas une seule lettre adressée à Joseph et trois seulement à Jérôme. Joseph, en quittant l'armée d'Espagne, était venu chez lui, au château de Mortefontaine, près Senlis ; Jérôme s'était rendu d'abord près
de Madame Mère, à Pont-sur-Seine, puis près de
son frère Joseph, avec la reine Catherine, à Mortefontaine.

La lettre omise est adressée au ministre de la
guerre, alors duc de Feltre.

NAPOLÉON AU MINISTRE DE LA GUERRE.

Paris, 16 décembre 1813.

Monsieur le duc de Feltre, le roi de Naples commence à faire des réquisitions de souliers et d'habits dans les départements français. Écrivez à la grande-duchesse et au général Miollis de ne rien fournir. Le roi de Naples peut conclure des marchés, mais je ne dois pas habiller ses troupes.

Il n'y a également aucun marché à faire pour nourrir les troupes napolitaines à Florence; elles ne doivent pas s'y arrêter; elles vont rejoindre l'armée et ne doivent pas séjourner sur le territoire de l'Empire.

Les vingt-septième et vingt-huitième volumes de la *Correspondance* sont les derniers contenant les lettres de Napoléon Iᵉʳ. Les quatre autres, XXIX, XXX, XXXI, XXXII, sont consacrés à la reproduction des œuvres écrites ou dictées par l'Empereur.

Le vingt-septième volume s'étend du 1ᵉʳ janvier 1814 au 26 février 1815, jour du départ de l'île d'Elbe. Il a 73 feuilles, 582 pages et 625 documents, du numéro 21055 au numéro 21680. Plusieurs omissions d'une certaine importance sont à remarquer dans ce volume.

NAPOLÉON A JOSEPH.

Paris, le 1ᵉʳ janvier 1814.

Mon frère, je vous remercie des vœux que vous faites pour moi et des sentiments que vous m'exprimez à raison de cette nouvelle année. Je vois avec satisfaction que l'accident arrivé à ma nièce n'a pas eu de suites fâcheuses (1).

Quelques jours plus tard, Joseph, voyant la France prête à être envahie de toute part, crut de son devoir de se mettre à la disposition de l'Empereur et lui écrivit en conséquence. Napoléon lui ré-

---

(1) La jeune princesse Zénaïde, fille aînée de Joseph, ayant mis le feu à sa robe, avait failli être brûlée. Le roi avait pu éteindre le feu en se brûlant lui-même deux doigts. Cette jeune princesse épousa par la suite son cousin, fils aîné de Lucien, le comte de Canino, qui la rendit fort malheureuse.

pondit, le 7 janvier, la lettre ci-dessous, écourtée aux *Mémoires* et omise à la *Correspondance* :

Mon frère, j'ai reçu votre lettre. Il y a trop d'esprit pour la position où je me trouve. Voici en deux mots la question. La France est envahie, l'Europe toute en armes contre la France, mais surtout contre moi. Vous n'êtes plus roi d'Espagne, je n'ai pas besoin de votre *renonciation*, parce que je ne veux pas de l'Espagne pour moi, ni je n'en veux pas disposer ; mais je ne veux pas non plus me mêler des affaires de ce pays que pour y vivre en paix et rendre mon armée disponible.

Que voulez-vous faire? Voulez-vous, comme prince français, venir vous ranger auprès du trône? Vous avez mon amitié, votre apanage, et serez mon sujet, en votre qualité de prince du sang. Il faut alors faire comme moi, avouer votre rôle. M'écrire une lettre simple, que je puisse imprimer, recevoir toutes les autorités et vous montrer zélé pour moi et pour le roi.

11

de Rome, ami de la Régence de l'Impératrice. Cela ne vous est-il pas possible? N'avez-vous pas assez de bon jugement pour cela? Il faut vous retirer à quarante lieues de Paris, dans un château de province, obscurément. Vous y vivrez tranquille si je vis. Vous y serez tué ou arrêté si je meurs. Vous serez inutile à moi, à la famille, à vos filles, à la France, mais vous ne me serez pas nuisible et ne me gênerez pas.

Choisissez promptement et prenez votre parti. Tout sentiment de cœur et hostile est inutile et hors de saison.

Pour comprendre la réponse de Napoléon à Joseph, il est nécessaire de faire connaître trois lettres écrites par le roi d'Espagne à son frère, une en date du 30 novembre, à laquelle Napoléon ne daigna pas répondre; une autre en date du 29 décembre; la troisième en date du même jour. Voici ces documents historiques qui ne se trouvent pas aux *Mémoires de Joseph*, non plus qu'une lettre à Louis renfermant la copie de celles qui furent envoyées à Napoléon. Commençons par celle écrite à Louis par Joseph.

Mortefontaine, le 2 janvier 1814.

Mon cher frère, tu sais comment je suis ici, depuis six mois. Quinze jours seulement après mon arrivée, l'Empereur me dit qu'il voulait rétablir les Bourbons en Espagne. Il me demanda mon avis réfléchi. Il est contenu dans la pièce que je lui ai adressée deux jours après notre entrevue. Il y a huit jours, maman m'a dit que l'Empereur désirait me voir. J'étais alors retenu dans ma chambre par le rhume violent qui m'y retient encore.

J'appris en même temps que l'Empereur avait dit aux sénateurs qu'il avait reconnu Ferdinand et accrédité auprès de lui l'ambassadeur La Forest, qui était accrédité auprès de moi. J'écrivis alors à l'Empereur la lettre dont ci-joint copie.

Ma femme la lui remit, et il lui dit : *Je suis forcé à ceci;* les événements me paraissent de plus en plus graves. Je lui ai écrit de nouveau hier. Le porteur a reçu la même réponse.

Le fait est que je puis tout sacrifier à l'Empereur et à la France et à l'Europe; tout, hormis l'honneur. L'honneur ne me permet pas de me montrer autrement que comme roi d'Espagne, tant que je n'aurai pas abdiqué, ce que je ne puis et ne veux faire que pour la paix générale et après avoir assuré ce que je dois aux Espagnols, et par un traité dans les mêmes formes que celui qui me donna la couronne d'Espagne, traité dont a été négociateur à Bayonne M. le duc de Cadore. Qu'on me traite en roi ou qu'on me laisse dans l'obscurité. Maman, qui ne sait pas tout cela, n'est mue que par un sentiment naturel, celui de la réunion. Je suis très peiné, mon cher Louis, que ces circonstances retardent le plaisir que j'aurais à t'embrasser après tant de désastres.

Le 30 novembre, Joseph écrivait à Napoléon :

Sire, la réflexion n'a fait que fortifier ma première pensée. Le rétablissement des Bourbons en Espagne aura les plus funestes conséquences et pour l'Espagne et pour la France. Le prince Ferdinand en arrivant en Espagne ne peut rien en faveur de la France. Il pourra tout contre elle. Son apparition excitera d'abord quelques troubles; mais les Anglais s'en empareront bientôt, et dès qu'ils lui auront fait tourner les armes contre la France, il aura alors avec lui et les partisans des Anglais et les partisans de la France, que nous aurons abandonnés, ceux qui tiennent au système de voir leur pays gouverné par une branche de la maison de France, système si heureusement professé à Bayonne et qui depuis un siècle a fait la tranquillité de l'Espagne. Tout homme de bien et de sens qui connaît le caractère de la nation espagnole et la situation des hommes et des choses, dans la Péninsule, ne peut pas douter de ces vérités.

Je prie Votre Majesté de faire consulter quelques Espagnols éclairés qui sont en France, entre autres MM. Azanza, O'Farrel, qui étaient ministres nommés par le prince Ferdinand.

Quant à moi, Sire, que Votre Majesté daigne un moment se supposer à ma place. Elle sentira facilement quelle doit être ma conduite. Appelé, il y a dix ans, au trône de Lombardie; ayant occupé celui de Naples avec quelque bonheur, celui d'Espagne au milieu de traverses de tous les genres, et malgré elles ayant su me concilier l'estime de la nation; persuadé comme je le suis que, tant que la dynastie de Votre Majesté régnera en France, l'Espagne ne peut être heureuse que par moi ou par un prince de son sang, je ne saurais m'ôter à moi-même les seuls biens qui me restent, les témoignages d'une conscience sans reproches et le sentiment de ma propre dignité. Je ne puis donc que présenter ces réflexions à Votre Majesté impériale et royale, et, dérobant au grand jour un front dépouillé, attendre, dans le sein de ma famille, les coups dont il plaira encore au destin de frapper et l'Espagne et moi, et les bienfaits qu'il nous est encore permis d'espérer de la puissance de votre génie et de la grandeur du peuple français.

Cette lettre, sorte d'amplification philosophique de l'excellent frère aîné de Napoléon, n'était pas de nature à modifier la politique de ce dernier. On a vu plus haut comment il envisagea la question et répondit à son frère. Lorsque Joseph vit l'envahissement de la France, il écrivit encore à Napoléon :

Mortefontaine, le 29 décembre 1813.

Sire, la violation du territoire suisse a ouvert la France à l'ennemi.

Dans de pareilles circonstances, je désire que Votre Majesté soit convaincue que mon cœur est tout français. Ramené en France par les événements, je serais heureux de pouvoir lui être de quelque utilité et suis prêt à tout entreprendre, pour lui prouver mon dévouement.

Je sais aussi, Sire, ce que je dois à l'Espagne, je vois mes devoirs et désire les remplir tous. Je ne connais de droits que pour les sacrifier au bien général de l'humanité, heureux si, par leur sacrifice, je puis contribuer à la pacification de l'Europe.

Je désire que Votre Majesté trouve bon de charger un de ses ministres de s'entendre sur cet objet avec M. le duc de Santa-Fé, mon ministre des affaires étrangères.

Joseph adressa enfin de Paris une nouvelle lettre à Napoléon et une à Berthier pour la lui remettre. Voici ce qu'il mande au prince de Neuchâtel :

Je ne veux pas négliger une nouvelle tentative pour mettre l'Empereur dans le cas de connaître positivement le fond de ma pensée, je lui ai donc écrit la lettre que j'adresse sous cachet volant à V. A.

J'attends la réponse de Sa Majesté ou la lettre de V. A. pour m'établir définitivement ici ou retourner à Mortefontaine.

A la suite de cette dernière lettre, Napoléon répondit à Joseph, celui de ses frères pour lequel il avait le plus d'estime et de considération ; Joseph lui adressa une lettre qui se trouve aux *Mémoires*, par laquelle il le remerciait de son amitié, sur laquelle il ne comptait plus; il le pria de charger M. de Santa-Fé ou tout autre de la répartition des secours accordés aux familles espagnoles qui avaient abandonné leur pays pour le suivre.

Napoléon ayant, à la suite du retour en grâce de Joseph, confié à son frère les fonctions de lieutenant général, en partant pour l'armée, la correspondance reprit entre ces deux princes, dura tout le temps de la campagne de 1814 et fut pour ainsi dire journalière.

Pièces omises :

NAPOLÉON A JOSEPH.

Le 3 février 1814.

Mon frère, je reçois vos lettres du 1er; j'aurais désiré que vous m'eussiez envoyé l'état de la situation des troupes que vous aviez le 31, à la parade, infanterie, cavalerie, soit de la garde, soit d'autres corps. J'attends pour livrer une bataille d'être renforcé des divisions d'Espagne que j'ai ordonné de diriger sur Nogent-sur-Seine.

Le 2 février, Napoléon adressa une lettre à l'impé-ératrice Marie-Louise, régente, pour lui défendre de recevoir sous aucun prétexte le roi et la reine de Westphalie, ni en public, ni incognito. Cette lettre n'est pas à la *Correspondance* et celle de l'Impératrice à Joseph, en date du même jour, a été omise également aux *Mémoires*.

NAPOLÉON A JOSEPH.

Nogent-sur-Seine, le 7 février 1814.

Mon frère, je ne vous donne point d'ordre pour Labouillerie, je ne crois pas que cela soit nécessaire; toutefois, il faut en six heures de temps charger tout ce qu'il y a sur quinze voitures et avec des chevaux que fourniront mes écuries, pour le transporter d'abord à Rambouillet, mais je ne pense pas que les choses en soient encore là, je ne crains point l'ennemi. Je suis plein d'espérance dans l'événement. Tenez ferme aux barrières de Paris ; faites placer deux pièces de canon aux différentes barrières, que la garde nationale qui a des fusils de chasse y ait des postes ; surtout, faites en sorte que le ministre de la guerre envoie des fusils à Montereau et à Meaux.

Il doit y avoir à chaque barrière 3o hommes armés de fusils d'ordonnance, 100 armés de fusils de chasse et 100 armés de piques, ce qui fait 25o hommes à chaque barrière. Vous devez former tous les jours une réserve de 4 à 5oo hommes armés de fusils d'ordonnance, du double de fusils de chasse et d'un tiers armés de piques, ce qui fera une réserve de 2,000 hommes pour se porter partout où il serait nécessaire avec des batteries attelées de la garde ou de l'École polytechnique.

NAPOLÉON A JOSEPH.

Nogent-sur-Seine, le 7 février 1814.

Mon frère, vous me mandez dans votre lettre du 5 que vous avez envoyé 6oo hommes de cavalerie et d'infanterie à Meaux; mais vous ne me dites pas sous les ordres de quel général ni dans quelle brigade se trouvent ces troupes; vous ne me donnez aucun détail sur leur composition; cependant, ces connaissances me sont nécessaires. Il y a à Meaux 3oo hommes de cavalerie, sous les ordres du général de cavalerie Saint-Germain; je lui mande d'éclairer la Ferté-sous-Jouarre.

NAPOLÉON A JOSEPH.

Nogent, le 7 février 1814, à 5 heures du soir.

Mon frère, faites mettre dans le *Moniteur* de demain que, le 5, le duc de Vicence a donné à dîner au lord Castlereagh, ministre des affaires étrangères d'Angleterre; au lord Cathéart; au lord Aberden, plénipotentiaire au congrès pour l'Angleterre; au comte de Stadion, plénipotentiaire pour l'Autriche; au comte Rasumocoski, plénipotentiaire pour la Russie, et au baron de Humbolt, plénipotentiaire pour la Prusse, et que les négociations paraissent marcher avec activité. Cet article ne sera pas mis au *Moniteur* pour l'article de Paris, mais sous la rubrique de Châtillon-sur-Seine.

Le roi Louis revint en France, d'abord à Lyon, puis à Paris, où il arriva le 1er janvier 1814. Il descendit chez Madame mère, adressa deux lettres à Napoléon, n'ayant pu obtenir de le voir, pour lui offrir ses services. L'Empereur lui fit dire de s'éloigner à quarante lieues de Paris; Louis refusa, disant que personne n'avait le droit de l'empêcher de demeurer chez lui. Grâce à la bienveillante intervention de l'impératrice Marie-Louise, il fut reçu par l'Empereur. L'entrevue des deux frères fut froide, c'est ce que devait faire présumer la lettre ci-dessous, écrite à Louis par Napoléon quelques jours auparavant et omise à la *Correspondance* :

Mon frère, j'ai reçu vos deux lettres, et j'ai appris avec peine que vous soyez arrivé à Paris sans ma permission. Vous n'êtes plus roi de Hollande, depuis que vous avez renoncé et que j'ai réuni ce pays à la France. Le territoire de l'Empire est envahi et j'ai toute l'Europe armée contre moi. Voulez-vous venir, comme prince français, comme connétable de l'Empire, vous ranger auprès du trône? Je vous recevrai, vous serez mon sujet ; en cette qualité, vous y jouirez de mon amitié et ferez ce que vous pourrez pour le bien des affaires. Il faut alors que vous ayez pour moi, pour l'Impératrice, pour le roi de Rome, ce que vous devez avoir.

Si, au contraire, vous persistez dans vos idées de roi et de Hollandais, éloignez-vous de quarante lieues de Paris. Je ne veux pas de position mixte, de rôle tiers. Si vous acceptez, écrivez-moi une lettre que je puisse faire imprimer.

Louis eût bien voulu concourir à la défense de l'Empire, mais sa santé délabrée ne lui permettait même plus de monter à cheval. Napoléon le reçut une fois encore, le 23 janvier 1814, veille de son départ pour l'armée. Louis lui écrivit presque chaque jour, lui prêchant de faire la paix. L'Empereur ne lui répondit pas ; mais, le 8 février, il écrivit de Nogent-sur-Seine à Joseph une longue lettre, écourtée aux *Mémoires,* supprimée à la *Correspondance* et que l'on trouvera plus loin.

NAPOLÉON A JOSEPH.

Nogent, le 8 février 1814, à 3 heures après midi.

Mon frère, j'ai envoyé à l'Impératrice une notice pour le *Moniteur*. Si vous recevez cette lettre avant 5 heures du matin et que l'insertion de cet article puisse être retardée, je désirerais qu'elle le fût de 48 heures, parce que l'ennemi apprendrait trop tôt par cette notice ma position et mes projets, ce qui est toujours un inconvénient.

NAPOLÉON A JOSEPH.

Guines, le 17 février 1814, à 4 heures du matin.

Mon frère, je vous envoie un rapport du ministre de la guerre adressé à Labouillerie. Vous y verrez que je mets 2 millions à la disposition du ministre de l'administration de la guerre, pour les remontes de Versailles, et que, sur ces 2 millions, 500,000 francs ont été payés avant mon départ. Cependant, on se plaint de manquer de fonds. Il paraît que le dépôt de remontes ne va pas. Faites-vous rendre compte des achats de chevaux qui ont été faits, tant par des marchés qu'autrement. Mon intention est d'employer ces 2 millions en remontes, mais c'est de la cavalerie que je veux avoir promptement. Il paraît qu'on a acheté jusqu'à présent bien peu de chevaux.

Le 21 février 1814, Napoléon adressa à Joseph une longue lettre, relative à son frère Jérôme, lettre écourtée aux *Mémoires* et complètement omise à la *Correspondance;* nous allons la donner dans son entier, mais après avoir dit quelques mots sur les relations de Jérôme et de Napoléon depuis le retour en France du premier. Jérôme, étant à Mortefontaine chez Joseph, où il se trouvait avec Madame mère, et, cédant aux instigations de cette dernière, crut devoir faire une tentative pour se rapprocher de l'Empereur. Il vint à Paris, la veille du départ de Napoléon, et lui adressa un de ses chambellans, le comte de Wokenberg, porteur d'une lettre. L'Empe-

reur reçut gracieusement le messager et envoya à
Jérôme son grand maréchal pour lui dire qu'il n'était
pas encore temps de le voir, qu'il pouvait retourner
à Mortefontaine ou à Compiègne, qu'il n'était nulle-
ment malheureux et n'avait pas besoin de ses services. Jérôme, là-dessus, revint à Mortefontaine, où
il appela la reine Catherine, alors à Compiègne.
Ayant fait faire une nouvelle tentative par Joseph
auprès de Napoléon, ce dernier répondit, le 21 février 1814, à son frère aîné une longue lettre fort
écourtée aux *Mémoires de Joseph*, entièrement omise
à la *Correspondance*. Nous la rétablissons ici :

Mon frère, voici mes intentions sur le roi de
Westphalie. Je l'autorise à prendre l'habit de
grenadier de ma garde, autorisation que je donne
à tous les princes français. (Vous le ferez connaître
au roi Louis. Il est ridicule qu'il porte encore
un uniforme hollandais.) Le roi donnera des con-
gés à toute sa maison westphalienne. Ils seront
maîtres de retourner chez eux ou de rester en
France. Le roi présentera sur-le-champ à ma
nomination trois ou quatre aides de camp, un
ou deux écuyers et un ou deux chambellans,

tous Français, et pour la reine deux ou trois dames françaises pour l'accompagner. Elle se réservera de nommer dans d'autres temps sa dame d'honneur. Tous les pages de Westphalie seront mis dans les lycées et porteront l'uniforme des lycées. Ils y seront à mes frais. Un tiers sera mis au lycée de Versailles, un tiers au lycée de Rouen, et l'autre tiers au lycée de Paris.

Immédiatement après, le roi et la reine seront présentés à l'Impératrice, et j'autoriserai le roi à habiter la maison du cardinal Fesch, puisqu'il paraît qu'elle lui appartient, et à y établir sa maison. Le roi et la reine continueront à porter le titre de roi et de reine de Westphalie, mais ils n'auront aucun Westphalien à leur suite.

Et cela fait, le roi se rendra à mon quartier général, d'où mon intention est de l'envoyer à Lyon prendre le commandement de la ville, du département et de l'armée, si toutefois il veut me promettre d'être toujours aux avant-postes, de n'avoir aucun train royal, de n'avoir aucun luxe, pas plus de quinze chevaux, de bivouaquer avec sa troupe, et qu'on ne tire pas un coup de fusil qu'il n'y soit le premier exposé.

J'écris au ministre de la guerre et je lui ferai donner des ordres. Il pourrait, pour ne pas perdre de temps, faire partir pour Lyon sa maison, c'est-à-dire une légère voiture pour lui, une voiture de cuisine, quatre mulets de cantine et deux brigades de six chevaux de selle; un seul cuisinier, un seul valet de chambre, avec deux ou trois domestiques, et tout cela composé uniquement de Français. Il faut qu'il fasse de bons choix d'aides de camp ; que ce soient des officiers qui aient fait la guerre, qui puissent commander des troupes, et non des hommes sans expérience, comme les Verdun, les Bongars et autres de cette espèce. Il faut aussi qu'il les ait tout de suite dans la main. Enfin, il faudrait voir le ministre de la guerre et se consulter pour lui choisir son état-major.

Le 8 février 1814, l'Empereur, en réponse à une lettre de Joseph, datée de la veille, écrivit à son frère, qui lui laissait entrevoir le désir de faire quitter Paris à l'Impératrice, une longue lettre des plus importantes et qui a été écourtée à la *Correspondance*. Nous croyons devoir la reproduire ici :

Mon frère, j'ai reçu votre lettre du 7 à onze heures du soir ; elle m'étonne beaucoup. J'ai lu la lettre du roi Louis, qui n'est qu'une rapsodie. Cet homme a le jugement faux et met toujours à côté de la question.

Je vous ai répondu sur l'événement de Paris pour que vous ne mettiez plus en question la fin qui touche à plus de gens qu'à moi. Quand cela arrivera, je ne serai plus ; par conséquent, ce n'est pas pour moi que je parle. Je vous ai dit, pour l'Impératrice et le roi de Rome et notre famille, ce que les circonstances indiquent, et vous n'avez pas compris ce que j'ai dit. Soyez bien certain que, si le cas arrivait, ce que je vous ai prédit arrivera infailliblement : je suis persuadé qu'elle-même a ce pressentiment.

Le roi Louis parle de la paix, c'est donner des conseils bien mal à propos ; du reste, je ne comprends rien à votre lettre. Je croyais m'être expliqué avec vous ; mais vous ne vous souvenez jamais des choses, et vous êtes de l'opinion du premier homme qui parle et qui reflète cette opinion.

Je vous répète donc en deux mots que Paris ne sera jamais occupé de mon vivant. J'ai droit à être cru de ceux qui m'entendent.

Après cela, si, par des circonstances que je ne puis prévoir, je me portais sur la Loire, je ne laisserai pas l'Impératrice et mon fils loin de moi, parce que, dans tous les cas, il arriverait que l'un ou l'autre serait enlevé et conduit à Vienne ; que cela arriverait bien davantage si je n'existais plus. Je ne comprends pas comment, pendant ces menées auprès de votre personne, vous couvrez d'éloges si imprudents les propositions de traîtres si dignes de ne conseiller rien d'honorable ; ne les employez jamais, même dans un cas le plus favorable. C'est la première fois, depuis que le monde est monde, que j'entends dire qu'en France une population de

3oo,ooo hommes assiégée ne pourrait pas vivre trois mois.

J'avoue que votre lettre du 7, à onze heures, m'a fait mal, parce que je ne vois aucune tenue dans vos idées et que vous vous laissez aller aux bavardages et opinions d'un tas de personnes qui ne réfléchissent pas. Oui, je vous parlerai franchement. Si Tailleyrand est pour quelque chose dans cette opinion de laisser l'Impératrice à Paris, dans le cas où l'ennemi s'en approcherait, c'est trahir. Je vous le répète, méfiez-vous de cet homme! Je le pratique depuis seize ans, j'ai même eu de la faveur pour lui; mais c'est sûrement le plus grand ennemi de notre maison, à présent que la fortune l'a abandonnée depuis quelque temps. Tenez-vous aux conseils que j'ai donnés, j'en sais plus que ces gens-là.

S'il arrivait bataille perdue et nouvelle de ma mort, vous en seriez averti avant ma maison. Faites partir l'Impératrice et le roi de Rome pour Rambouillet; ordonnez au Sénat, au Conseil d'État et à toutes les troupes de se réunir sur la Loire; laissez à Paris un préfet ou une commission impériale ou des maires.

Le reste de la lettre comme à la *Correspondance*, vingt-septième volume, page 154, sauf la dernière phrase, retranchée, et que voici :

Quant à Louis, je crois qu'il doit vous suivre. Sa dernière lettre me prouve toujours qu'il a la tête trop faible et qu'il vous ferait trop de mal.

Cette lettre et celle du 16 mars pouvent que Napoléon avait l'intention de mourir si l'ennemi parvenait à le battre et à s'emparer de Paris. En effet, on assure qu'à Fontainebleau, la nuit de son abdication, lorsqu'il sut que, grâce à la trahison de Marmont à Essonnes, ses propositions étaient rejetées, il chercha à s'empoisonner.

NAPOLÉON A JOSEPH.

Herbisse, le 28 février 1814, à 2 heures du matin.

Mon frère, je serai aujourd'hui près de la Ferté-Gaucher. Donnez-en avis aux ducs de

Raguse et de Trévise, pour qu'ils manœuvrent en conséquence.

ORDRE DE L'EMPEREUR.

Fismes, le 5 mars 1814.

Monsieur le duc de Feltre, l'ennemi était dans le plus grand embarras, et nous espérions aujourd'hui recueillir le fruit de quelques jours de fatigues, lorsque la trahison ou la bêtise du commandant de Soissons leur a livré cette place; le 3, à midi, il en est sorti avec les honneurs de la guerre et a emmené 4 pièces de canon. Faites arrêter ce misérable, ainsi que les membres du conseil de défense. Faites-les traduire par-devant une commission militaire composée de généraux, et, pour Dieu, faites en sorte qu'il soient fusillés dans les vingt-quatre heures sur la place de Grève. Il est temps de faire des exemples. Que la sentence soit bien motivée, imprimée, affichée et envoyée partout.

J'en suis réduit à jeter un pont de chevalets sur l'Aisne. Cela me fera perdre trente-six heures et me donne toute espèce d'embarras.

Je vous ai mandé qu'il serait convenable d'envoyer beaucoup de gardes nationales dans nos places du Nord. Je pense qu'il faut y envoyer celles de Meaux et d'Orléans; elles se formeront dans ces garnisons, s'y habilleront et deviendront de bonnes troupes en y mettant des officiers de la ligne qui se trouvent dans ces garnisons.

Composez-moi sur le papier une armée active : 1° avec la garnison d'Anvers, en ne laissant dans la place que les matelots, les ouvriers du port et de l'arsenal et la garde nationale; 2° avec le corps du général Maison; 3° avec toutes les garnisons des places de Flandre, en n'y laissant que les gardes nationales urbaines et les gardes nationales en activité. Vous y comprendrez également la garnison d'Ostende; la garnison de Berg-op-zoom pourra y être réunie, à l'exception d'un millier d'hom-

12.

mes. Je suppose que cela fera au moins 20 à 25,000 hommes. Le général Maison pourra dégager Gorcum, en retirer la garnison en en abandonnant la place, et ensuite revenir sur la Meuse en retirant toutes les garnisons et n'y laissant que le tiers ou le quart des hommes qui s'y trouvent. Avec une armée ainsi organisée, il doit voltiger et n'avoir aucune ligne d'opération, puisque chaque place peut y suppléer. Il doit être tantôt à Anvers, tantôt à Bruxelles; tantôt devant Condé et Tournay, et tantôt sur la Meuse. Le mal qu'il fera à l'ennemi est incalculable. Réitérez-lui tous vos ordres; formez l'armée sur le papier; envoyez-la-lui et faites-lui connaître mes intentions.

Donnez ordre que dans les places le service se fasse à la turque, c'est-à-dire que les mêmes hommes restent constamment chargés de la défense du même bastion et y couchent comme dans une caserne. Avec cette méthode, il ne faut pour garder une place que le quart des

troupes nécessaires pour notre manière ordinaire.

NAPOLÉON A JOSEPH.

Reims, le 14 mars 1814.

Mon frère, j'ai reçu votre lettre du 12 mars.
Je suis fâché que vous ayez fait connaître au
duc de Conégliano ce que je vous ai écrit, je
n'aime pas ce caquetage. S'il entrait dans mes
vues de mettre le duc de Conégliano ailleurs, le
bavardage de Paris n'y ferait rien. La garde
nationale de Paris fait partie du peuple de
France, et, tant que je vivrai, je serai le
maître partout en France. Votre caractère et le
mien sont opposés : vous aimez à cajoler les
gens et à obéir à leurs idées. Moi, j'aime qu'on
me plaise et qu'on obéisse aux miennes.

Aujourd'hui, comme à Austerlitz, je suis le
maître.

Ne souffrez pas que personne cajole la garde
nationale ni que Regnault ou tout autre s'en

fasse le tribun. Je suppose cependant qu'ils font une différence du temps de La Fayette, où le peuple était souverain, avec celui-ci, où c'est moi qui le suis.

J'ai pris un décret pour lever dans Paris 12 bataillons de la levée en masse. Il faut donc qu'on n'arrête l'exécution de cette mesure sous aucun prétexte. J'écris à ce sujet mes intentions aux ministres de l'intérieur et de la police. Si le peuple s'aperçoit qu'au lieu de faire ce qui lui est utile, on cherche à lui plaire, il est tout simple qu'il se croie souverain et ne conserve qu'une pauvre idée de ceux qui le gouvernent.

NAPOLÉON A JOSEPH.

Épernay, le 18 mars 1814, à midi.

Mon frère, je reçois votre lettre du 17. Le général Préval a encore 450,000 francs dans les mains, indépendamment de 500,000 qui lui restent à toucher chez M. de la Bouillerie sur

les 2 millions. Il a donc 900,000 francs encore
à dépenser. Ainsi, ce n'est pas 2,200,000 francs
qui seront nécessaires, mais 1,700,000 francs.
Aussitôt qu'il aura épuisé le crédit qui lui est
ouvert, je lui ouvrirai un nouveau crédit pour
ces 1,700,000 francs.

Pendant toute la campagne de France, Louis et
Jérôme n'eurent aucune fonction.

Le tome XXVIII de la *Correspondance* est le moins
volumineux. Il embrasse la période du 1ᵉʳ mars au
4 août 1815. Il a 392 pages en 50 feuilles et 374 documents, du numéro 21681 au numéro 22067.

Voici les lacunes que nous pouvons combler :

NAPOLÉON A CLARKE.

Fontainebleau, le 3 avril 1814.

Mon cousin, ayez soin que ce soir les généraux Sébastiani et Belliard soient logés au quartier général et qu'il y ait des aides de camp de
tous les généraux de division de cavalerie, afin

qu'ils puissent bien me rendre compte de l'endroit où les troupes se trouvent. Sur ce, je prie Dieu, mon cousin, qu'il vous ait en sa sainte et digne garde.

Cet ordre était la conséquence de la résolution prise par l'Empereur de continuer la guerre, lorsqu'il apprit le rejet de sa proposition de la régence pour son fils. Cette résolution échoua par la trahison de Marmont à Essonnes.

Là se terminent les volumes de XVI à XXVIII inclusivement, consacrés par la seconde commission à la correspondance de l'Empereur. Cette seconde partie du volumineux ouvrage contient 8,964 documents dans les 8,542 pages de ces treize volumes.

NAPOLÉON A JOSEPH.

Paris, le 2 mai 1815.

Mon frère, il est nécessaire d'organiser les Espagnols qui sont en France. Il serait convenable de former une junte qui serait composée de cinq membres, les plus actifs et les plus entreprenants. Ces membres résideraient ici et correspondraient avec le ministre des relations extérieures. L'existence de cette junte serait secrète. Elle aurait, sur les principaux points de notre frontière des Pyrénées, des commissaires dont elle recevrait les rapports. Elle aurait, à cet effet, la franchise des postes. Ses commissaires seraient connus de nos agents civils et militaires. Leur travail serait de faire rédiger à Paris une gazette espagnole, qui paraîtrait tous les deux jours et serait transmise à ces commissaires, qui l'enverraient en Espagne par tous les moyens. Le but de ce journal serait d'éclairer les Espagnols, de leur faire connaître nos dispositions constitutionnelles et de les porter à l'insurrection et à la désertion.

La junte devra s'occuper des projets d'expédition de guerillas, de leur organisation et des moyens de les faire entrer en Espagne. Le président de la junte serait accrédité auprès du ministre des affaires étrangères. Tous les secours donnés aux Espagnols, à raison de

120,000 francs par mois, seraient signés et distribués par la junte.

Ce projet machiavélique n'eut pas de suite. Il ne souriait pas à l'honnêteté du roi Joseph.

NAPOLÉON A JÉRÔME.

Paris, 5 juin 1815.

Mon frère, j'ai reçu votre lettre ; je ne puis consentir à ce que vous paraissiez à l'armée française entouré d'Allemands. De tous ceux qui sont avec vous, vous n'en pouvez conserver qu'un, qui sera votre écuyer. Je leur donnerai des grades et des traitements en France. Envoyez au ministre de la guerre leurs états de service. Vous aurez un maréchal de camp pour premier aide de camp et deux chefs de bataillon et quatre capitaines pour aides de camp ; vous n'avez pas besoin d'officiers d'ordonnance.

Le roi conserva pour écuyer, auprès de lui, le général Wolf, qu'il avait ramené de Westphalie.

NOTES

Nous avons dit, page 48, que les lettres écrites par Napoléon avant le siège de Toulon et dont plusieurs avaient été apportées de Corse par M. Blanqui n'avaient pas trouvé place à *la Correspondance, sans doute* parce qu'on les avait connues trop tard.

C'est de notre part une erreur que, mieux informé, nous nous empressons de rectifier.

En effet : la lettre écrite au cardinal Fesch, son oncle, par Napoléon, alors âgé de quatorze ans, et datée de Brienne le 15 juillet 1784, était aux mains du comte de Casabianca (ministre, grand-père du comte Biadelli), lors de la nomination de la première commission chargée de la publication de *la Correspondance*. Le comte de Casabianca s'empressa de communiquer cette curieuse lettre à la commission qui refusa de la laisser insérer parce qu'elle avait décidé que l'on ne publierait pas les lettres antérieures à la carrière officielle de Napoléon.

C'est cette lettre appartenant au petit-fils du comte de Casabianca, M. Biadelli, de l'obligeance duquel nous la tenons, que nous publions à la page 50 de ce volume.

Page 22. Le jeune de Casabianca, dont il est question dans la lettre de Napoléon à Joseph, était le fils de l'héroïque Luce de Casabianca, (commandant du vaisseau-amiral *l'Orient*. Le général Bonaparte (Napoléon), partant pour l'Égypte, s'était embarqué sur ce bord, dont le commandant devait, quelques semaines plus tard (le 1ᵉʳ août 1798), trouver une mort si glorieuse, au combat naval d'Aboukir.

Son fils dont parle Napoléon, Giocante de Casabianca, enfant de dix ans, de la plus grande espérance, périt victime de son dévouement filial, en refusant, sur le pont de *l'Orient* en flammes, d'abandonner son père, qui le conjurait de partir avec l'équipage embarqué sur des chaloupes.

Le père et le fils, dans les bras de l'un de l'autre, sautèrent avec *l'Orient*, en tenant à la main le pavillon national.

Le buste de Luce de Casabianca est à Versailles. Il était l'oncle du comte de Casabianca qui fut, sous le second Empire, ministre, sénateur, procureur général près la Cour des comptes.

CONCLUSION

Nous ignorons si d'autres lettres, d'autres documents historiques émanant du plus grand capitaine des temps modernes, du plus grand génie paru depuis que le monde est monde, viendront augmenter la précieuse collection mise en lumière par la correspondance du chef de la famille impériale et par les volumineux mémoires de ses frères, mais nous croyons avoir rendu service à l'histoire moderne, en comblant quelques-unes des lacunes signalées par nous dans la *Correspondance*. Nous le répétons, il est fâcheux que ce magnifique ouvrage ait été abordé sans réflexion plus mûre et que les quinze premiers volumes ne soient pas comme les derniers accompagnés de résumés historiques dus à la seconde commission, surtout à l'initiative de son président le fils du roi Jérôme. Tel qu'il est, l'édifice élevé à la mémoire de l'Empereur Napoléon I⁰ʳ, édifice auquel nous nous sommes permis d'apporter une modeste pierre, est certainement l'histoire la plus complète et la plus curieuse de la France, depuis le siége de Toulon jusqu'au lendemain de Waterloo. Il est à regretter qu'il ne soit pas plus répandu dans les régions militaires de notre pays.

FIN

Paris.— Imp. PAU. Dupont, 41, rue J.-J.-Rousseau (CI)100.11.80.

www.ingramcontent.com/pod-product-compliance
Lightning Source LLC
Chambersburg PA
CBHW070601100426
42744CB00006B/373